Christian Herwartz

Auf nackten Sohlen

Exerzitien auf der Straße

Ignatianische Impulse
Herausgegeben von Stefan Kiechle SJ und Willi Lambert SJ,
Band 18

Ignatianische Impulse gründen in der Spiritualität des Ignatius von Loyola. Diese wird heute von vielen Menschen neu entdeckt.

Ignatianische Impulse greifen aktuelle und existentielle Fragen wie auch umstrittene Themen auf. Weltoffen und konkret, lebensnah und nach vorne gerichtet, gut lesbar und persönlich anregend sprechen sie suchende Menschen an und helfen ihnen, das alltägliche Leben spirituell zu deuten und zu gestalten.

Ignatianische Impulse werden begleitet durch den Jesuitenorden, der von Ignatius gegründet wurde. Ihre Themen orientieren sich an dem, was Jesuiten heute als ihre Leitlinien gewählt haben: Christlicher Glaube – soziale Gerechtigkeit – interreligiöser Dialog – moderne Kultur.

Christian Herwartz

Auf nackten Sohlen

Exerzitien auf der Straße

echter

Bibliografische Information der Deutschen Nationalbibliothek

Die Deutsche Nationalbibliothek verzeichnet diese Publikation in der Deutschen Nationalbibliografie; detaillierte bibliografische Daten sind im Internet über <http://dnb.d-nb.de> abrufbar.

2. Auflage 2010

www.echter-verlag.de
Umschlag: Roberto Meraner
Druck und Bindung: CPI – Clausen & Bosse, Leck
ISBN 978-3-429-02839-8

Inhalt

Vorwort: Einen ignatianischen Impuls entdecken

Ein großes Geschenk, eine Zeit voller Lebens- und Glaubensentdeckungen erhielten wir – eine Gruppe Berliner Ordensleute – im Sommer 2000. Immer noch sind wir dabei, den Inhalt dieses Geschenkes auszupacken, ihn weiterzuschenken und zu staunen über die Vielfalt und Fülle, die es enthält. Vom Entdecken dieses ignatianischen Impulses, einschließlich meiner persönlichen Vorgeschichte, möchte ich in diesem Buch erzählen.

Wir hatten zu einem Kurs Geistlicher Übungen nach Berlin-Kreuzberg eingeladen. Kreuzberg liegt an der ehemaligen Berliner Mauer. Viele zogen sich dorthin zurück, weil sie anderswo die Mieten nicht mehr bezahlen konnten oder weil sie im engen Kontakt zu Menschen aus aller Welt leben wollten. Die Teilnehmer/innen dieser »Exerzitien« – Geistlicher Übungen – schliefen im Keller eines Gemeindehauses, in dem in den Wintermonaten wohnungslose Menschen vor der Kälte Zuflucht finden. In einer solchen Umgebung luden die Übungen besonders dazu ein, den auferstandenen Jesus in unserer Mitte zu entdecken – besonders in Hungrigen, Kranken, Obdachlosen und Gefangenen (Mt 25,34–36). Die Übungen wurden für die Einzelnen zu einer Zeit des Staunens, an ganz unterschiedlichen Plätzen der Stadt. Die Teilnehmer/innen ließen sich von innen heraus an Orte führen, die ihnen einen neuen Zugang zu oft verdrängten Seiten ihres Lebens und ihres gesellschaftlichen Umfeldes öffneten. Sie durften Heilung erfahren und konnten in

unterschiedlichen Begegnungen die Anwesenheit und Lebendigkeit Gottes spüren.
An den Abenden wurde in kleinen Gruppen über die Erfahrungen des Tages gesprochen. Die dabei erfahrene Freiheit war ansteckend, so dass die Begleiter/innen spontan einen neuen Kurs im nächsten Jahr planten. Die Gruppe »Ordensleute gegen Ausgrenzung« vertraute mir die Vorbereitung an. Ich war zu dieser Zeit arbeitslos; seit Jahren wohne ich in einer kleinen Gemeinschaft in Kreuzberg.
Wir hatten mit den Teilnehmer/innen den auferstandenen Jesus an vielen Orten gefunden, an denen er uns begegnen wollte. Ignatius von Loyola (1491 bis 1556) hatte ein ähnliches Anliegen. Er lebte ein Jahr lang als Bettler in Manresa (Spanien). Die in dieser Zeit gemachten Erfahrungen halfen ihm, Anstöße zur Begleitung von Geistlichen Übungen aufzuschreiben. Sein Buch der Exerzitien[1] gab uns entscheidende Anregungen beim Suchen und Experimentieren in der Beziehung zu Gott.
Heute nehme ich unser Erlebnis als einen ignatianischen Impuls wahr. Dieser ermuntert dazu, Neues auszuprobieren, aus Vorurteilen auszusteigen, genauer – nicht nur mit dem Verstand, sondern auch mit allen Gefühlen, also mit allen Fähigkeiten – hinzusehen und die Wirklichkeit, wie Ignatius sagen würde, zu »verkosten«. Die daraus gezogenen Schlüsse sind Anstöße für ein angstfreies, offenes Leben.
Dem ignatianischen Impuls »Exerzitien auf der Straße« möchte ich im Kontakt mit den Leser/innen weiter nachgehen. Die Wurzeln des Verständnisses liegen oft in der eigenen Lebensgeschichte. Im Nachhinein entdeckte ich viele Vorboten auf die hier angesprochenen Entdeckungen.

1. Persönliches Entdecken (1969 bis 1989)

Auf einem langen Weg treten wir in vielen Schritten hinaus ins Leben, um uns *in* der Geschichte mit ihren vielen Anknüpfungspunkten wiederzufinden und an sie auf dem eigenen Weg anzuknüpfen.

Experimentelle Spiritualität

Viele Jahre habe ich als Jugendlicher und junger Erwachsener gesucht, welcher Lebensentwurf in mir liegen könnte. Religiöse Gemeinschaften haben mich angezogen, einige habe ich besucht. Doch trotz aller Freude über ihre gastfreundliche Aufnahme und vieler schöner Aspekte, die ich erleben durfte, hielt mich etwas zurück, bei ihnen um Aufnahme zu bitten. Trotz meiner schlechten Schulnoten in Sprachen zogen mich Menschen anderer Länder an. Wie sollte ich einen Weg zu ihnen finden? Meine Sehnsucht schien unerfüllbar, ich brach die Schule ab und begann auf der Werft in Kiel im Maschinenbau zu arbeiten. Schiffe beflügelten mein Fernweh. Doch dann kam die Wende: Ich las ein Buch über den Jesuitenorden, machte mein Abitur nach und trat im Frühjahr 1969 in die Gesellschaft Jesu ein, wie sich die Jesuiten als Ordensgemeinschaft der römisch-katholischen Kirche weltweit nennen.

Die ersten zwei Jahre waren eine Zeit des Kennenlernens und der persönlichen Prüfung – das Noviziat. Wir lebten mitten in einer Zeit des Aufbruchs auf vielen Ebenen: In *Deutschland* trat die Auseinandersetzung mit der jüngsten Geschichte, zu der die systematische Vernichtung vieler Menschen gehörte, in eine neue Etappe. *Weltweit* wurde das Joch einer langen kolonialen Epoche von vielen Ländern abgeschüttelt, und die Ausbeutung von Menschen bekam ein neues Gesicht. Die *christlichen Kirchen* suchten Gemeinschaft untereinander und trafen sich in einem ökumenischen Geist. In Rom hatte ein Konzil stattgefunden, das weltweit erneuernde Kräfte freisetzte. Sicher Geglaubtes wurde in Frage gestellt. Mit viel Freude, aber auch gegen manchen Widerstand wurde in der römisch-katholischen Kirche nach neuen Aussagen und Formen gesucht.

Alle diese Umbrüche waren auch in der Gemeinschaft der Jesuiten zu spüren und regten die Phantasie an. Mitten in diesem Umfeld – es förderte mein Verlangen, vieles auszuprobieren – wollte ich prüfen, ob ich mich auf die ignatianische, diese experimentelle Grundhaltung und Spiritualität innerlich einlassen konnte. Ich wollte nicht in etwas Fremdes eintreten, sondern das in mir Angelegte wachsen lassen. Also begann eine Zeit des Probierens. Sie hatte Elemente des Studierens und des Nachahmens – der Imitation – und immer wieder solche des Überprüfens, ob das Praktizierte wirklich Ausdruck meiner Person war.

Für die Novizen hielt Ignatius in den »Satzungen der Gesellschaft Jesu« sechs hauptsächliche Experimente fest, die aber den Umständen angepasst werden müssen.[2] Er nennt als erstes Experiment für alle die etwa einen Monat dauernden Geistlichen Übungen. Dann fordert Ignatius, genauso verpflichtend, den Dienst in Spitälern. Weil er sich als Pilger verstand und auf seiner Pilgerreise nach Jerusalem wichtige Erfahrungen[3] machte, führte er als drittes wichtiges Experiment eine

Pilgerfahrt ein. Die Dienste im Haus, die keiner gerne machen möchte, sind ein weiteres Übungsfeld, um sich selbst gut auf die Spur zu kommen. Erst danach folgen mehr kirchliche Experimente: Man soll Kinder in christlicher Lehre unterweisen, was zur Zeit der ersten Jesuiten meist auf der Straße geschah. Schließlich folgt das Predigen und Beichthören, was eng zusammengehört, weil man damit die Liebe Gottes herausstellt, die jede Unbarmherzigkeit und Verzweiflung überwindet.

In meinem zweijährigen Noviziat waren neben den vierwöchigen Exerzitien zwei Praktika im Krankenhaus, auf einer inneren Station und in der Psychiatrie, und ein längerer Aufenthalt unter Wohnungslosen wichtig. Neben diesen mehrmonatigen Experimenten gab es einige kürzere: in einer spanischen Gastarbeitergemeinde, im Kontakt zu Studenten und zu den Kleinen Brüdern Jesu in Hamburg, beim Umzug des Noviziats und im Einlassen auf immer neue Menschen in der mir noch fremden Gemeinschaft. Es gab viele Gelegenheiten, etwas auszuprobieren und nach einer stimmigen Beziehung zu mir selbst, zu anderen und in allem zu Gott zu suchen. Innere und besonders von außen an mich herangetragene Zweifel konnte ich über diesen oft einsamen Weg mehr und mehr beiseite legen, so dass ich in meiner experimentellen Grundeinstellung sicherer wurde und sie als meine Spiritualität – meine Praxis der Gottesbeziehung – erkannte.

Die Geistlichen Übungen sind eine Zeit des Experimentierens, um bei offenen Lebensfragen eine tragfähige Antwort zu finden, mit der die Beziehung zum Leben insgesamt, also auch zu Gott, wachsen kann.

Eine wichtige Einladung

In meiner Kindheit – bedingt durch den Beruf meines Vaters – zog ich oft um und war immer wieder der Neue in den vielen Schulen, die ich besuchte. Während meines Philosophiestudiums erlebte ich wieder einen Umzug: Die ordenseigene Hochschule für Philosophie wurde vom Land in die Stadt München verlegt, und man fragte mich, ob ich dafür einen LKW-Führerschein machen könnte. Ich sagte sofort ja und war so wieder im Umzugsgeschäft. Auch andere Studenten halfen mit. Einer aus meinem Jahrgang hieß Michael Walzer. Wir hatten gemeinsame Interessen entdeckt. Im Herbst 1971 erzählte er mir auf einem Spaziergang von seinen täglichen Straßenbahnfahrten als Schüler: Auf dem Dorf gingen alle Kinder in dieselbe Klasse in der Grundschule. Es entstanden Freundschaften. Auf dem Weg zu den weiterführenden Schulen saßen diejenigen Kinder, die ins Gymnasium gingen, vorn im Wagen der Straßenbahn, die anderen hinten. Die beiden Gruppen beschäftigten sich mit immer unterschiedlicheren Themen und sprachen nicht mehr miteinander, obwohl sie doch so nah beieinander im selben Dorf wohnten. Michael litt unter dem gesellschaftlichen Graben, den er so handgreiflich erfahren hatte, und fragte mich nun: »Ich möchte im nächsten Jahr das Studium unterbrechen und zwei Jahre angelernte Arbeit in einer Fabrik suchen. Willst du mitkommen?« Noch heute wundere ich mich über meine schnelle Antwort. Sonst quäle ich mich oft lange bei Entscheidungen. Ich sagte sofort ja, und dieses Ja veränderte mein Leben.

Unseren Plan, schon in einigen Monaten gemeinsam eine Arbeit in der Fabrik zu suchen, konnten wir nicht umsetzen. Aber wir vergaßen ihn nicht. Michael ging zwei Jahre in die Jugendarbeit nach Ravensburg. Während des Theologiestudiums in Innsbruck trat er in die Christliche Arbeiterjugend (CAJ) ein und konnte darüber seine Träume, die Grenzen in der Gesellschaft zu überwinden, lebendig halten. Ich fand in den Semesterferien Arbeit als LKW-Fahrer und suchte mir während des Theologiestudiums in Frankfurt/Main eine regelmäßige Arbeit im Umzugsgewerbe. Jeden Donnerstag stand ich morgens mit anderen Tagelöhnern vor dem Büro, bis uns eine Arbeit angeboten wurde. Außerdem bekam ich Kontakt mit der kleinen Gruppe der Arbeiterpriester in Deutschland. Einmal fand ich, zusammen mit Michael, in den Semesterferien Arbeit in einer Kokerei in Bottrop. So blieb unsere Hoffnung lebendig, einmal eine kleine Gemeinschaft von Jesuiten unter Arbeitern zu gründen und mit ihnen das Leben am Arbeitsplatz und im Stadtviertel zu teilen. Nach meinem Studium wurde ich von Jesuiten, die diesen Traum lebten, nach Toulouse in Südfrankreich eingeladen. Ich fand dort Arbeit in der Aluminiumverarbeitung als Pressenführer, wurde aber entlassen, als ich nach einem Jahr in die Gewerkschaft eintrat. Über das Arbeitsamt bekam ich in Straßburg eine Ausbildung als Dreher und fand mit diesem Beruf bei unterschiedlichen Zeitfirmen in Paris Arbeit. Dort durfte ich mithelfen, eine neue kleine Ordensgemeinschaft mit Jesuiten zu gründen, die bei unterschiedlichen Firmen in Paris Anstellung gefunden hatten. Michael wohnte nach seinem Studium ein Jahr in Toulouse und fand in einer Gerberei Arbeit. 1978 lag der oben erwähnte Spaziergang mit Michaels Anfrage sieben Jahre zurück; nach unserer Lehrzeit in Frankreich kehrten wir mit unserem Traum nach Deutschland zurück.

Wichtige Entscheidungen brauchen manchmal eine jahrelange Prüfung mit vielen Experimenten, bei denen die eigenen Motive von mitlaufenden Nebeninteressen gereinigt werden. Zu Anfang werden diese Entscheidungen notwendigerweise eher theoretisch begründet, die von anderen oft als Ideologie angesehen werden. Später werden Erlebnisse erzählt, die das eigene Verhalten und das notwendige, experimentierende Suchen besser verständlich machen.

Das Selbstverständnis der Gesellschaft Jesu

In der turbulenten Umbruchzeit suchte die Gemeinschaft der Jesuiten neu nach ihrer Identität. Von Dezember 1974 bis März 1975 fand in Rom eine Versammlung mit gesetzgeberischer Vollmacht statt: die 32. Generalkongregation (GK). Sie fällte die Grundentscheidung, »dass die Teilnahme am Kampf für Glauben und Gerechtigkeit das ist, was den Jesuiten in unserer Zeit ausmacht«[4]. In mehreren Dokumenten wird diese neu gefundene, sehr klare Sicht der eigenen Identität entwickelt. Die gewonnene Einsicht war simpel, da ein Glaube an Gott ohne Einsatz für Gerechtigkeit hohl ist und ebenso der Hunger nach Gerechtigkeit eine gläubige Perspektive sucht. Das Verhältnis von Glaube und Gerechtigkeit ist aber theoretisch nicht zu lösen, wie sich besonders in den Diskussionen in Deutschland zeigte. Deshalb wiederholte P. Pedro Arrupe, der Generalverantwortliche des Ordens, immer wieder: Ständig sollen 10 bis 20 Prozent der Jesuiten in Experimenten leben, um nach dem weiteren Weg der Gemeinschaft und jedes Einzelnen darin zu suchen. Die GK umriss die notwendige Wechselwirkung in ihrem 4. Dekret und schrieb der Gemeinschaft folgendes ins Stammbuch:

»Oft schon unsere Herkunft, dann unsere Studien und unsere Bindungen schirmen uns von der Armut ab, selbst von dem einfachen Leben und seinen täglichen Sorgen. Wir haben Zugang zu Wissen und Macht, wie ihn die meisten Menschen nicht haben. Es wird darum nötig sein, dass eine größere Zahl der Unsrigen das Los der Familien mit bescheidenem Einkommen teilt, das heißt das Leben derer, die in allen Ländern die Mehrzahl bilden und oft arm und unterdrückt sind. Aufgrund der Solidarität, die uns Glieder der Gesellschaft Jesu sein lässt, und aufgrund unseres brüderlichen Austausches müssen wir alle durch die Mitbrüder, die unter den Ärmsten leben und arbeiten, dafür empfindsam gemacht werden, welches die Schwierigkeiten und Sehnsüchte der Besitzlosen sind. So werden wir lernen, uns ihre Ängste, Sorgen und Hoffnungen zu eigen zu machen. Nur so wird uns mit der Zeit wirkliche Solidarität gelingen.
Wenn wir geduldig und bescheiden unseren Weg mit den Armen gehen, werden wir entdecken, wie wir ihnen helfen können. Das wird nur dann gelingen, wenn wir uns eingestehen, dass auch wir von ihnen zu empfangen haben. Ohne geduldige, nicht übereilte Schritte stünde der Einsatz für die Armen und Unterdrückten im Widerspruch zu unseren eigenen Absichten und würde verhindern, dass diese ihre eigenen Erwartungen zu Gehör bringen und sich selbst die Voraussetzungen schaffen, um ihr persönliches und kollektives Schicksal wirksam in die Hand zu nehmen. Durch einen demütigen Dienst können wir sie dazu führen, inmitten der Schwierigkeiten und Kämpfe Jesus Christus zu entdecken, der in der Kraft seines Geistes wirkt: Dann können wir zu ihnen von Gott, dem Vater, sprechen, der die Menschen mit sich versöhnt, in-

dem er sie zu einer geschwisterlichen Gemeinschaft führt.«[5]

Nach der Identität Einzelner und der von Gemeinschaften zu suchen sind eigenständige Entwicklungen und doch innerlich aufeinander bezogen. Ohne die Interessen Einzelner zu beschneiden, ist es gut, in echter Solidarität nach den gemeinsamen Anliegen zu suchen; Solidarität hilft über Grenzen hinweg die eigene Identität zu leben.

Zwei neue Gemeinschaften werden gegründet

Die neu formulierte Identität als Kampf für Glaube und Gerechtigkeit bestätigte viele Jesuiten in ihrem Einsatz. Die Theologie der Befreiung, welche die Erfahrungen in den Basisgemeinden Lateinamerikas reflektierte, leistete eine wichtige Vorarbeit für diesen Schritt des Ordens. Das Zentrum der Reflexion einer weltweiten Kirche und darin auch der Gesellschaft Jesu war nicht mehr Europa. Die hier bestehenden Strukturen und die Angst davor, den eigenen Reichtum geschwisterlich mit Bedürftigen teilen zu müssen, erschwerten besonders in Deutschland den Blick auf anstehende Schritte.
Im deutschen Sprachraum ging der Orden zwei Projekte an:
– Vier Mitbrüder wurden von anderen Aufgaben freigestellt, um unsere ignatianische Spiritualität mit dem Aspekt des Einsatzes für Glaube und Gerechtigkeit neu zu beleben. In Frankfurt/Main studierten sie mit diesem Blickwinkel die geschichtlichen Texte und machten sie allen zugänglich. Sie boten an vielen Orten Kurse zur ignatianischen Spiritualität an. Eine besondere Frucht ihres Engagements war das Beleben

von Geistlichen Übungen in einer Form, die sich dann auch außerhalb des Ordens immer mehr verbreitete: Exerzitien im Alltag. Alltagsfragen und hörende Stille wachsen dabei zu einer Einheit.
– In West-Berlin begannen wir – Michael Walzer, Peter Musto aus Ungarn und ich – mit einer kleinen Gemeinschaft. Jeder nahm eine manuelle Arbeit auf. In Kreuzberg, einem von vielen Menschen abgeschriebenen Stadtteil, fanden wir Unterkunft. In den schlecht ausgestatteten und reparaturbedürftigen Wohnungen lebten meist türkische Familien. »Gastarbeiter« wurden die ausländischen Arbeitskräfte damals noch genannt. Heute haben ihre Rolle auf dem Arbeitsmarkt oft Menschen ohne Papiere übernommen.
Die kleine Jesuitenkommunität in Berlin-Kreuzberg wuchs in den nächsten Jahren und erweiterte sich zu einer größeren Wohngemeinschaft. Im Stadtteil engagierte Menschen stießen dazu, ebenso wohnungslose Menschen in Not. Unsere Beziehungen zu den Kollegen am Arbeitsplatz vertieften sich. Wir engagierten uns in der Gewerkschaft. Viel Neues durften wir entdecken. Wir fanden auch Kontakt zu Menschen auf der anderen Seite der Berliner Mauer, in der DDR. Mit viel Freude gründete Michael Walzer mit seinen Freunden am 1. Mai 1982 die CAJ in Berlin neu. Er hatte eine große Gabe, anderen zuzuhören und die Umsetzung gemeinsamer Interessen zu organisieren. Leider erkrankte er schwer und starb im Januar 1986, mit 37 Jahren, an einem Gehirntumor. Peter Musto war schon früher nach Bogotá zurückgekehrt und lebte dort unter Straßenkindern, weiterhin als Mitglied unserer Kommunität. Franz Keller aus der Schweiz verstärkte die Gemeinschaft, andere Jesuiten kamen zeitweise hinzu.

Der in Berlin eingeschlagene Weg war ein Weg der Inkulturation, mit vielen Lernschritten in neuen städtischen Umgebungen. Für die meisten Menschen in der Stadt findet täglich mehrfach ein Wechsel der Sprachen und der Beziehungsfelder statt; sie haben wenig miteinander zu tun und stehen sich oft feindlich gegenüber. Nicht immer sind die Mauern dazwischen so greifbar wie damals zwischen Ost und West. Ich lernte die verschiedenen Sprachen: jene in der Arbeitswelt und dort vor allem die in der Gewerkschaft, jene im Stadtteil mit seinen vielen politischen Gruppen, jene in den christlichen Kirchen, in der muslimischen Welt unseres Stadtteils und in unserer Wohngemeinschaft und nicht zuletzt die eigene deutsche Sprache in der DDR. Über das Eintauchen in die unterschiedlichen Kontexte begann ich nach meiner Identität zu fragen. Welche war meine persönliche Sprache? Funktionierte ich nur noch in den verschiedenen »Sprachspielen«? Wer war ich über die vielfältigen Erfahrungen geworden? Ich entdeckte mich als Pilger wieder, der oft einsam über die Brücken zwischen den Menschengruppen ging. Doch ich war froh, wenn ich diese Grenzen überschreiten konnte. Als Grenzgänger entdeckte ich verschiedene Orte, an denen ich mich zu Hause fühlen und die dort lebenden Menschen als meine Geschwister wahrnehmen konnte.

Der Hunger nach Glaube und Gerechtigkeit lädt dazu ein, einengende Grenzen zu überschreiten und schützende Solidarität zu pflegen. Die von den Mächtigen und Etablierten festgelegten Grenzen zu überschreiten wird von diesen als subversiv erlebt, von den Eingeschlossenen hingegen trotz häufiger Angst als Geschenk, als größere Lebensmöglichkeit.

Ein Weg der Menschwerdung

Im Zweiten Weltkrieg mussten Menschen aus vielen Ländern zwangsweise in Deutschland arbeiten. Um ihren Landsleuten nahe zu sein, ließen sich französische Priester ebenfalls zur Fremdarbeit anwerben. Wurden sie entdeckt, drohte ihnen der Abtransport in ein Konzentrationslager. Geprägt von dieser intensiven solidarischen Erfahrung, suchten die Priester auch nach dem Krieg eine Arbeit in der Industrie. Es entstand besonders in den romanischen Ländern eine Bewegung von Leuten, die Ähnliches vorhatten. Sie wollten *mit* Menschen aus dem Proletariat zusammenarbeiten, gemeinsam für mehr Gerechtigkeit kämpfen und miteinander in Freundschaft leben. Sie wollten nicht mehr aus einer scheinbar höheren Einsicht heraus oder auf Grund ihrer akademischen Ausbildung etwas *für* Arbeiterinnen und Arbeiter tun, sondern sich in die Arbeiterbewegung mit ihren Fähigkeiten einfügen.[6]

In den englischsprachigen Ländern entstand später in einigen evangelischen Kirchen die Bewegung der Zeltmacher. Die Theologen/innen wollten nach dem Vorbild des Paulus unentgeltlich das Evangelium verkünden. Für den Broterwerb suchten sie nach einer zivilen Anstellung.[7]

In Ost- und Westdeutschland nahmen Menschen aus verschiedenen Kirchen eine manuelle Arbeit auf.[8] Wir erlebten mitten in allen Konflikten viel Solidarität am Arbeitsplatz und im Stadtteil. Unseren Weg in Berlin erfuhr ich als einen der Inkulturation, auf dem wir deutlicher das Geheimnis der Menschwerdung Gottes, seine Inkarnation, entdeckten. Dieses Menschwerden Gottes und die eigene Menschwerdung ist keine Leistung, die durch besondere Anstrengung bemerkt werden kann. Sie ist ein Geschenk, welches mitten im Alltag, bei einem Warnstreik, bei einem Besuch im Gefängnis, in einer Arbeitspause, beim schweigenden oder fragenden Mitgehen in Notlagen sichtbar wird. Zu diesem Menschsein werden wir oft geradezu überwältigt, verlockt, überlistet, wenn wir den anderen nicht nur von seinen Problemen her als Arbeitslosen, Obdachlosen, Alkoholiker oder als jemanden ohne gültige Papiere sehen. Dann entstehen trotz aller Hindernisse kleine freundschaftliche, hierarchiefreie Lebensräume. Darin wird Gott solidarisch erfahren, als arm, verfolgt und rechtlos. Gott erweist sich als ein Gott, der sich lieber mit anderen ausgrenzen und verachten lässt, als dass er einen Menschen beiseite schiebt und ihm seine Liebe verweigert, selbst wenn er oder sie abgeschoben, gefoltert oder getötet wird. Gott wird wie wir zum Opfer von Profit und Macht, ohne Opfer sein oder bringen zu wollen. Über diese Erfahrungen entdecken wir nach und nach mehr von der Würde bei anderen und bei uns selbst. Wir erleben uns Gott gegenüber als Freunde (Joh 15,15) und können dafür zumindest in kleiner Runde danken.

Der Weg der Inkulturation in eine fremde Welt ist ein mühevoller Weg des Lernens, der Einsamkeit und des Kämpfens, denn Arbeiterinnen und Arbeiter und ihre Kultur sind oft an den Rand gedrängt und von vielen verachtet.
Bei einer liebenden Annäherung beginnt ein von innen sehender, ein kontemplativer Weg der Vereinigung mit diesen Menschen. Inmitten von ihnen wartet ein neues Zuhause und wir können dort den vorausgehenden (Ex 13,21), auf uns wartenden Gott finden.

Jesusverlust

Mitten in der Trauer um Michael Walzer bemerkte ich in mir den Tod. Vieles in meinem Engagement war zur Routine geworden. Die Grundsätze, aus denen ich lebte, schienen mir weiter richtig, aber das Leben war mühsam geworden. Die Freude darin sprudelte nicht mehr wie in den Zeiten das Aufbruchs. Nachträglich sehe ich: Ich war in meiner – das Leben auf den Prüfstand stellenden – Krise der Lebensmitte angekommen.

In einer solchen Situation schrieb René Voillaume seinen Freunden in der Gemeinschaft der Kleinen Brüder Jesu, dass sie ein Jahr in die Wüste gehen und um ihre zweite Berufung beten sollten. Die erste Berufung als junge Erwachsene, unter Menschen am Rand zu leben, war verbraucht. Jeder von ihnen hatte viele Erfahrungen gesammelt. Mit diesem Schatz sollten sie Gott in der Stille fragen, wohin der Weg gehen soll.

In der Gesellschaft Jesu wird oft erst in diesem bewegten Lebensabschnitt die Ausbildung mit einem »dritten Noviziatsjahr«, »Terziat« genannt, beendet. Es ist angefüllt mit mehreren Experimenten, einschließlich der vierwöchigen Exerzitien und dem Studium der Ordensdokumente; diese bekommen nun für jeden auf dem Hintergrund der eigenen Erfahrungen einen neuen Klang.

Mit Jesuiten aus sechs Ländern machte ich mein Terziat in einer kleinen französischen Ortschaft im Kontext der »Arche«, einer Gemeinschaft, in der Menschen mit geistigen Behinderungen im Mittelpunkt stehen. Der Kontakt mit diesen Menschen war mir eine große Hilfe, mich mit meiner neu anstehenden Suche nach Gott anzunehmen.

Mir fiel auf, dass ich immer einen lebendigen Kontakt zu Jesus hatte. Er war mir ein Bruder, mit dem ich ständig sprechen konnte. Ich habe gesehen, wie er durch viele Krisen mitging und ich bei ihm sein konnte. Besonders herausfordernd waren für mich diejenigen seiner Lebensabschnitte, über die die Bibel direkt nichts erzählt. Wie hat er seine Berufung gefunden? Wie in den späteren Texten zu spüren ist, hatte er sich die Gruppe der Pharisäer und die der Sadduzäer genau angesehen. Ich wusste ihn an meiner Seite bei der Suche nach meinem Lebensweg. Besonders wichtig wurde die Versuchungsgeschichte, in der Jesus zu seinem dreimaligen Nein fand (Mt 4,1–11; Lk 4,1–13). Die drei menschlichen Grundversuchungen werden im Text angesprochen. Seinem Nein, das Leben auf materielle Bedürfnisse, auf Ansehen oder auf Machtbeziehungen zu reduzieren, ist Jesus treu geblieben und konnte dadurch sein Ja zum Leben auch in kritischen Zeiten finden. Schon in dieser Erzählung spiegelt sich die ganze befreiende Botschaft Jesu.
Diesen gleichaltrigen Jesus, der mich immer begleitet hatte, gab es nun nicht mehr. Jesus wurde mit 33 Jahren umgebracht. Ich hatte ihn überlebt. In mein Herz hatte sich Traurigkeit über den Verlust eingeschlichen. Wo hatte er sich nun in meinem Leben versteckt? Mit dieser Frage rang ich mit Gott um meine zweite Berufung. Ich konnte dies im Vertrauen darauf tun, dass er in meinem bisherigen Leben neben mir ging. Vor ihm brauchte ich keine Minute meines Lebens zu verstecken. All meine Erfahrungen blieben für den weiteren Prozess wichtig.

Obwohl Gott überall ist, kann der Kontakt zu ihm verloren gehen. Dann scheint er sich versteckt zu haben. Vermutlich wartet er darauf, neu entdeckt zu werden.[9]

Im Gestrüpp entdeckt

Wir sieben Mitbrüder aus Afrika und Europa erzählten uns drei Wochen lang im Terziat unsere Lebensgeschichte. Dann begannen wir mit den vierwöchigen Exerzitien. Ich hatte den Eindruck, das ganze Dorf unterstützte uns in unserem Schweigen und im Hören auf die innere Stimme und damit auf Gott.

Schon nach wenigen Tagen wurde deutlich, wo sich Gott vor mir versteckt hatte. Ich hatte einem ganz verborgenen Teil meines solidarischen Handelns keine Bedeutung geschenkt. Ja, ich war mir gar nicht mehr sicher, ob ich dieses verdeckte Engagement nicht einstellen sollte. Dort, in meinem inneren Gestrüpp, fand ich die Botschaft an mich: »Mach dir keine Sorgen, ich bin da!« Mit der davon ausgehenden Ruhe konnte ich nun zuversichtlich weitergehen.

In der Meditation sah ich einige Tage später einen Mann mit seiner Schnapsflasche, und ich wusste sofort: Jesus sitzt mir gegenüber. Die wiedergefundene Gemeinschaft mit ihm versetzte mich in eine große Freude und in einen dauerhaften Frieden. Darin wurde für mich greifbar, dass ich am Ende des Jahres wieder in meine Berliner Gemeinschaft zurückkehren sollte, von der ich aufgebrochen war. Dort lebte seit einigen Jahren Otto mit uns. Er hatte vorher auf Baustellen geschlafen und trank in seiner Armut oft billigen Spiritus, wie er für Campinglampen verkauft wird. Zuerst hatte er darum gebeten, eine Nacht bei uns im Wohnzimmer zu schlafen, nun verbrachte er seinen Lebensabend bei uns. Zehn Jahre später starb er friedlich. Jesus war ganz unbemerkt schon seit einiger Zeit bei uns eingezogen, und wir durften mit ihm zusammenleben und ihn darüber auch an anderen Orten entdecken. Die Begegnung mit Jesus war wie vor 2000 Jahren nicht konfliktfrei. Aber sie war immer wieder Anlass, tiefer nach den Wurzeln des Lebens zu graben.

Die Gegenwart Gottes und darin die Nähe Jesu zu entdecken ist immer eine Überraschung. Sie stellt Sichtweisen in Frage, die bis dahin selbstverständlich waren.

Die ignatianische Vorgehensweise

Mit der Zuversicht, in meiner Umgebung immer wieder dem Auferstandenen zu begegnen und in der Gemeinschaft mit ihm zu leben, lernte ich das Vorgehen des Ignatius in seinem Buch für Exerzitienbegleiter besser verstehen. Es beginnt mit einer »Fundaments«-Übung. Darin beschreibt Ignatius seinen Ausgangspunkt, auf den er auch in Schwierigkeiten zurückkommen kann. Er notiert die Grundelemente seines Glaubens, mit dem er in das Experiment des Übens eintritt. Das Wahrnehmen der Ausgangspunkte oder des Fundaments ist Ignatius auf seinem Weg immer neu wichtig. Auch bei den einzelnen Meditationszeiten geht er in ähnlicher Weise vor. Nach einem kurzen Gebet zeichnet er in Vorübungen die Einzelheiten einer biblischen Geschichte nach. Dann erst tritt er in das meditierende Wahrnehmen ein und entdeckt Neues im Verhalten Jesu und seiner Umwelt. Im wissenschaftlich-experimentellen Bereich ist ein Versuch nur unter einer bestimmten Fragestellung sinnvoll.

Dieses Vorgehen ist natürlich nur bedingt übertragbar, doch es hat mir geholfen, das Wechselspiel von Fundamentbetrachtungen, bei denen sich Ignatius über seine Grundeinstellung Rechenschaft gibt, und den Übungen in einem geschichtlichen Kontext klarer zu werden. Wichtig ist am Ende der Geistlichen Übungen die Auswertungsphase. Ignatius schlägt ein dreifaches Gespräch mit Maria, Jesus und dem Vater vor, in dem man unter verschiedenen Gesichtspunkten im Gebet die Ergebnisse sichert. Darüber hinaus ist ein regelmäßiges Gespräch mit einer/m Exerzitienbegleiter/in vorgesehen, in dem die neu gemachten Erfahrungen hörbar werden. Oft werden sie, manchmal unterstützt durch eine Nachfrage, dem Übenden erst beim Erzählen und erstaunten Hören der eigenen Worte zugänglich.

Die Exerzitien gliedern sich für Ignatius in vier Abschnitte von je etwa einer Woche. Jede Etappe, so wurde mir damals deutlich, beginnt mit einer Fundamentbetrachtung, in der sich der/die Übende über den Glauben, über seine/ihre Haltung und über die jetzt wichtig gewordene Frage klarer wird. Am Anfang vergewissern sich die Übenden einiger Grundaussagen ihres Glaubens. Dann geht Ignatius mit den Übenden einen Weg der Befreiung von angesammelten Blockaden auf dem bisherigen Lebensweg, um das Leben neu mit Freude annehmen zu können.

Der Schritt in die zweite Etappe, die zu einer Entscheidungsphase wird, ist möglich, wenn der/die Übende eine Großzügigkeit in sich spürt, bei der eigene Vorbehalte in der Beziehung zu Gott schwinden. Dieser fundamentalen Offenheit, die für ein Weitergehen notwendig ist, wird in einigen Betrachtungen nachgegangen. Nach dem Ablegen möglichst aller mitgeschleppten Nebeninteressen lädt Ignatius dazu ein, das Leben Jesu in einzelnen Abschnitten zu betrachten. Dabei können die Übenden bemerken, wohin sie sich in der Gemeinschaft mit Jesus gedrängt sehen. Nachdem man entschieden hat, wie man konkret die Geschwisterlichkeit mit Jesus leben will, wird diese Wahl in den nächsten Etappen überprüft.

Die dritte Etappe beginnt mit einem Blick auf das Abendmahl Jesu. Bei dieser Betrachtung wird ein weiteres Fundament sichtbar: Jesus drückt sein zuversichtliches Ja zu den dann folgenden Ereignissen aus. Bei der Meditation der schmerzhaften Konsequenzen im Leben Jesu wird das Ja des/der Übenden mit den möglichen Konsequenzen der eigenen Entscheidung konfrontiert. Kann er oder sie dazu auch in gefährlichen Lebensumständen oder angesichts von Ablehnung, bei Verfolgung und gewaltsamem Tod stehen, wie ihn Jesus und viele andere erfahren mussten?

Beim Eintritt in die vierte Etappe fragt Ignatius wieder nach der Grundeinstellung. Für ihn ist selbstverständlich, dass Maria, die Mutter Jesu, nicht mit den anderen Frauen zum Grab des ermordeten Jesus gehen musste. Sie lebte schon in der Zuversicht des ewigen Lebens ihres Sohnes, der ihr, so nimmt Ignatius an, als erster erscheinen wird. Er lädt dazu ein, mit dieser Zuversicht Marias in die neue Etappe einzutreten. Die Meditation der Osterberichte rüttelt die Übenden meist nochmals kräftig auf und konfrontiert sie mit der Nähe des auferstandenen Jesus zu uns.

In dem Wechsel von Fundamentbetrachtung, Übung und ergebnissicherndem Schlussgespräch tritt für mich die Dynamik der Exerzitien zutage. Im letzten Abschnitt des Exerzitienbuchs entdecke ich nochmals eine Fundamentbetrachtung, die zu weiteren Experimenten unter Kranken, Pilgern oder Kindern einlädt. Sie leitet die nächsten Etappen im Fortgang des Lebens ein. Die eigene Entscheidung wird im Kontakt mit dem unter uns anwesenden Christus bestätigt oder verworfen. Er gibt sich zu erkennen, in besonderer Weise im Kontakt mit Hungrigen, Durstigen, Fremden, Nackten, Kranken und Gefangenen (Mt 25,35–36). In der Nähe dieser Menschen vertiefte sich die Grundeinstellung von Ignatius. Dort wurde seine Liebe geprüft, die er am Ende des Exerzitienbuches betrachten lässt, als Einstieg in die Begegnung mit den Menschen, durch die Gott ihm begegnen will.

Am Ende des Exerzitienbuches ist die Betrachtung der Liebe gleichsam die Fundamentbetrachtung für alle weiteren Experimente und für das Leben nach den Geistlichen Übungen.

Auf die eigenen Grenzen achten

Dieses Jahr der Neufindung, an dem ich 1988/89 teilgenommen habe, wurde von einem erfahrenen belgischen Mitbruder, André de Jaer, begleitet. Gemäß der neuen Ausrichtung des Ordens – Einsatz für Glaube und Gerechtigkeit – hatte er nach einem angemessenen Ort für diese letzte Ausbildungsetappe geforscht. Nach langem Suchen bekam er ein Angebot aus der Gemeinschaft der Arche. Ich fühlte mich unter den engagierten Menschen dort wohl und ebenso unter den so unterschiedlich veranlagten Mitbrüdern. So beendete ich das Jahr sehr froh. Besonders die Erfahrung der Geistlichen Übungen ließ mich fragen: Könntest du andere bei der Suche ihres Weges in Exerzitien begleiten? Genug Gründe fielen mir ein, die dagegen sprachen: Die religiöse Sprache bei Exerzitien war mir fremd, und in Bildungshäusern fühlte ich mich nicht wohl. Außerdem fehlte mir eine entsprechende Ausbildung, und ich hatte nicht die menschliche Zurückhaltung, die ich von älteren Exerzitienbegleitern her kannte. So war ich über die Antwort von André de Jaer nicht erstaunt: Er bestätigte mit viel Zuneigung meine Vorsicht, mich in diesem Bereich zu engagieren. Doch er fügte noch einen Satz hinzu, den ich erst einmal beiseite legte: »Wenn du in deiner Umgebung in Berlin-Kreuzberg gefragt wirst, dann kann ich mir einen solchen Dienst durch dich gut vorstellen.«

Die Gabe des begleitenden Hörens bei Exerzitien ist bei jedem Menschen auf Grund seiner gesellschaftlichen Position begrenzt. Eigene Erfahrungen fördern meist die Fähigkeit, dem anderen zuzuhören. Die eigenen Grenzen können bis zu einem gewissen Grad durch das geschenkte Vertrauen der Übenden überwunden werden.

2. Herausgefordert (1989 bis 1998)

Einige Lebensanstöße erweisen sich als richtungsweisend. Sie wirken missionierend, fördern neues Wahrnehmen und bereiten weitere experimentierende Lebensabschnitte vor.

Gefangene öffnen die Augen

Im Frühjahr 1989 versuchte eine Gruppe von 50 politischen Gefangenen in Westdeutschland, ihre Haftsituation durch einen Hungerstreik zu verbessern. Unserer Kommunität waren alle ihre Forderungen einsichtig. Und so unterstützten wir sie, indem wir Postkarten an die Fraktionen im Bundestag schickten. Überraschend wurden wir von den Verwandten und Freunden der Gefangenen eingeladen, zu Beginn einer Demonstration in Bonn unsere Sicht der Zusammenhänge vorzutragen. Mit schlotternden Knien übernahm ich diese Aufgabe, vor etwa 10 000 Menschen.

Recht unverhüllt zeigt eine Gesellschaft ihre sie leitenden Interessen im praktischen Umgang mit den Menschen, denen sie das höchste Gut einer Zivilisation verweigert, nämlich die Freiheit. Die Zustände in den Gefängnissen sind gut lesbare Visitenkarten einer Gesellschaft. Oft scheint sich das eigene Selbstwertgefühl darüber zu steigern, dass andere Menschen abgewertet und – selbstverschuldet – ausgeschlossen werden. Die ständige Drohung, in Krisenzeiten selbst dort zu landen, fördert die Anpassung auch an sehr fragwürdige Lebensumstände in unserem geldorientierten Gesellschaftssystem.

Nach der Demonstration suchten die Angehörigen der hungerstreikenden Gefangenen den Kontakt mit uns. Auch von den Gefangenen selbst wurden wir eingeladen. Eine trotz Krankheit inhaftierte Frau kam am Ende des Streiks frei und wohnte danach in Berlin nahe unserer Gemeinschaft.

Einige Monate später öffnete die Berliner Mauer, in deren unmittelbarer Nähe wir wohnten. Nun konnten uns die Freunde aus der DDR besuchen. Im Dezember feierten wir zusammen mit ihnen mein endgültiges Ja zum Jesuitsein und das Ja der Gesellschaft Jesu zu mir.

In den Weihnachtstagen entwarfen wir einen Brief an alle 50 Gefangenen. Mir wurde klar, diese Menschen standen nun vor der Tür unserer Herberge, und sie suchten Einlass, ähnlich wie Maria und Josef vor 2000 Jahren in Bethlehem (Lk 2,7). Wir wollten sie nicht draußen stehen lassen. Zusammen mit einigen Freunden schickten wir den Gefangenen einen längeren Brief und bekamen zu unserer Überraschung von allen eine positive Antwort. Wichtig blieb uns der weitere Kontakt zu Gefangenen außerhalb dieser politischen Gruppe. Die Beziehungen ins Gefängnis öffneten uns die Augen für unser gesellschaftliches Umfeld.

Ignatius von Loyola vergewisserte sich seines Ausgangspunkts, wenn er nach seinem weiteren Weg fragte. Er suchte die Lebensumstände armer Menschen, um sich vor Interessen zu schützen, die seinen Blick einengten. Die geschenkte Nähe von pilgernden, obdachlosen, kranken oder gefangenen Menschen ist in solchen Situationen heilend.

Die Schuhe ausziehen – JEV 1

Jesuit European Volunteers (JEV) ist eine vom Jesuitenorden seit 1986 getragene Initiative, die jungen Erwachsenen ermöglicht, in sozialen Projekten im In- und Ausland ein oder zwei Jahre mitzuarbeiten. Die Freiwilligen wohnen für ein Jahr in kleinen Gemeinschaften von 3 bis 6 Frauen und Männern zusammen. In diesen Gruppen reflektieren sie gemeinsam ihre Erfahrung bei der Arbeit und ihre Lebens- und Glaubensfragen. Die Volontäre versuchen ihr Leben nach vier Grundlinien auszurichten, die von der ignatianischen Spiritualität und der Option für die Armen geprägt sind: Einsatz für Gerechtigkeit, gelebter Glaube, Leben in Gemeinschaft, einfacher Lebensstil.[10]
In Berlin gibt es jedes Jahr eine JEV-Kommunität. Mir wurden im Kontakt mit diesen jungen Erwachsenen wichtige Impulse geschenkt. 1993 machten 50 Freiwillige das JEV-Jahr an verschiedenen Orten im In- und Ausland. Als Gast beim Einführungstreffen wollte ich ihnen erklären, worauf es in diesem Jahr aus meiner Sicht ankommt. Ich erzählte ihnen die Geschichte von Mose. Er war mit seiner Herde in der Nähe des Gottesberges Horeb. Da sah er einen brennenden Dornbusch, der aber nicht verbrannte. Mose wurde neugierig und ging auf den Busch zu. Irgendwo auf dem Weg hörte er die Stimme Gottes: »Komm nicht näher heran! Leg deine Schuhe ab; denn der Ort, wo du stehst, ist heiliger Boden« (Ex 3,5).
Neugierde ist eine wichtige Voraussetzung für ein JEV-Jahr. Alle sind aufgebrochen, neue Erfahrungen in ihrem Leben zuzulassen. Wann und wo mag jede/r in diesem Jahr den Moment spüren, auf heiligem Boden zu stehen, auf dem die eigenen Aktivitäten zweitran-

gig werden? Sehen, Hören, Wertschätzen des Anderen sind an solchen Orten die vorrangigen Tätigkeiten.
Eine Freiwillige, die das Jahr in Rumänien verbrachte, erzählte später, wie sie in die einfache Hütte einer alten Frau kam. Die kranke Frau freute sich über den Besuch und sie brauchte Hilfe. Die Freiwillige hätte sofort anfangen können, den gestampften Boden zu kehren und in dem Raum nach ihrem Gutdünken Ordnung zu schaffen. Doch sie setzte sich hin und hörte der Frau zu. Sie war Gast dieser Frau und machte sie nicht zum Objekt ihres Helfens. Vieles erfuhr die noch Fremde trotz mangelnder Sprachkenntnisse von dieser Frau. Dann erst konnte sie ihr sagen, wo und wie sie Hilfe brauchte, und um Unterstützung bitten. In dieser einfachen Hütte in Lipova fand die Volontärin im Angesicht der alten Frau ihren Boden besonderer Aufmerksamkeit. Als Rundfunkreporterin zieht sie noch heute bei jedem Interview ihre Schuhe aus und erinnert sich an die Berufungsgeschichte des Mose.
Als ich in den JEV-Einführungstagen die Geschichte des Mose erzählte, wurde es ganz still. Auch beim anschließenden Mittagessen blieb es ruhig. Das hat mich erstaunt. Im nächsten Jahr wurde ich von den neuen Teilnehmer/innen gedrängt, diese über 3000 Jahre alte Geschichte wieder zu erzählen. Wie nahe sind wir Menschen uns doch über die Jahrtausende hinweg! Ermutigt durch die jungen Erwachsenen, erzählte ich in den folgenden Jahren oft von der Neugierde des Mose mitten in seinem Alltag. Er war aufgebrochen und wollte genauer wissen, was es mit dem brennenden, aber nicht verbrennenden Dornbusch auf sich hatte. Aber er bemerkte auch, wo er mit Respekt stehen bleiben und seine Schuhe ausziehen musste. Die Schuhe wurden für mich mehr und mehr ein Hinweis

auf die vielen Formen meiner Distanz zur Wirklichkeit.
Diese Geschichte ist für mich eine sprudelnde Quelle, ähnlich wie früher die Geschichte der Versuchung Jesu in der Wüste. Ich konnte sie immer wieder hören und entdeckte jedesmal Neues in ihr. Ignatius steht dem Vielwissen in Geistlichen Übungen skeptisch gegenüber und lädt uns ein, wenn wir an etwas Geschmack gefunden haben, zum »Verspüren und Verkosten«, zum Verweilen und zum Wiederholen der Übung.

Wir Menschen wollen – zumal mit einer experimentellen Grundeinstellung – im Leben Neues entdecken und es dann besser verstehen. Deshalb sollten wir in unseren Aktivitäten dort innehalten, wo wir in uns ein anfängliches Erstaunen bemerken. Wenn wir die Einladung wahrnehmen und in eine Beziehung eintreten, können wir oft über lange Zeit mit unserer ganzen Person Lebens-Neuland entdecken.

Zusammen mit Menschen auf der Straße

Das Leben in Berlin veränderte sich nach der Wende stark. Die Mauer wurde abgerissen und an vielen Stellen wurde gebaut. Für wohnungslose und arme Menschen wurden die Lebensräume nochmals sehr viel enger. An vielen Plätzen und auf Bahnhöfen durften sie sich jetzt nicht mehr aufhalten. Ihre Anwesenheit drücke die Preise von Grundstücken und Häusern, wurde behauptet.
Einige dieser unerwünschten Menschen kampierten in alten Bauwagen oder Hütten auf dem ehemaligen Grenzstreifen. Freunde von uns wohnten dort. Anfang Oktober 1993 wurde ich zusammen mit ihnen und

etwa 25 anderen Bewohnern der Wagenburg von 1000 Polizisten »geräumt«. Vorher war der katholische Bischof von Berlin gekommen und hatte diese Vertreibung armer Menschen mit der Ausgrenzung durch den Mauerbau am selben Ort vor 32 Jahren verglichen. Einige Stunden später trafen sich einige von uns vor dem Berliner Rathaus, und wir begannen eine Mahnwache gegen die Vertreibung der Armen aus der Stadt. Tag und Nacht stand ein Polizeiwagen neben uns. Anfangs wurde in der Nacht sein Auspuff bei laufendem Motor auf unsere Schlafsäcke gerichtet. Da baten wir Freunde, unseren Schlaf zu schützen. Das Unrecht war offensichtlich, und die Politiker hatten nun Angst davor, uns gleich wieder zu vertreiben.

Es gab keinen Tag ohne einen Menschen, der uns Mut machte. Wir freuten uns darüber. Christen kamen und feierten in unserer Nähe Gottesdienste, mitten auf der Straße. In den kirchlichen Tageslesungen aus der Bibel entdeckten wir viele Parallelen zu unserer aktuellen Situation.

Die Pfützen neben unseren Schlafsäcken waren morgens gefroren. Mit der Zeit gewöhnten wir uns an die Kälte und an den Wind. Wir spiegelten die Armut, die in der Stadt immer größer wurde. Mit leeren Händen standen wir vor dem Roten Rathaus. Diese Offenheit und eine gerechte Sache waren unsere Stärke gegenüber der durch viel Polizei demonstrierten staatlichen Macht. Nach vier Wochen vertrieben sie uns an einem Sonntagmorgen aufs Neue, nachdem die vorher anwesenden kirchlichen Unterstützer zu den Gottesdiensten gegangen waren. Solange hatte die Polizeiführung in einiger Entfernung gewartet.

Dieser Monat auf der Straße war für mich durch die vielen Menschen, die zu uns kamen, ein großes Ge-

schenk. Manche hielten Nachtwache. Andere schliefen mit uns auf dem Boden. Mehrere Mädchen ohne Unterkunft wollten ihren fünfzehnten Geburtstag feiern, andere teilten ihre Trauer über den Tod eines Freundes mit uns. Hunde wärmten uns in der Nacht, und wir hörten viele Geschichten aus der Nachbarschaft. Die Anwesenheit Gottes unter diesen Menschen war offensichtlich, und wir erlebten neu, wie er wieder nicht gehört, sondern verlacht und vertrieben wurde. Er störte den Blick auf die geplante Stadt. Er redete nicht die Sprache der Mächtigen, sondern lachte in unseren Herzen. Daran erkannten wir ihn untereinander.
Nach gut fünf Wochen war mein Jahresurlaub im Betrieb aufgebraucht, und ich ging über einen breiten Graben wieder zurück an meine Arbeit in der Fabrik. Äußerlich gehörte ich wieder zur Steuern zahlenden Bevölkerungsmehrheit. Aber die Hälfte meines Herzens blieb auf der Straße und spürte die Kälte und die Verachtung, die Menschen in Not erfahren. Wie sollte ich die Einheit meiner beiden Herzhälften leben und den Zwiespalt in mir überwinden?

Der Hunger nach Gerechtigkeit ist ein Schmerz, mit dem wir unsere Umwelt neu sehen lernen. Wenn wir ihn nicht betäuben, öffnet er uns den Blick auf Menschen, die unter Ungerechtigkeit leiden. Deshalb preist Jesus diesen Hunger in der Bergpredigt und nennt die Menschen selig, die sich von ihm leiten lassen (Mt 5,6).

Ordensleute gegen Ausgrenzung

Nach dem Zusammenbruch des Ostblocks brachen in Europa wieder Kriege aus. Flüchtlinge kamen nach

Deutschland. Bei ungeahnt heftigen Feindseligkeiten gegen Fremde kamen in verschiedenen deutschen Städten Menschen ums Leben. Das Grundgesetz wurde mehrfach eingeschränkt und der Asylschutz für Flüchtlinge über eine Drittstaatenregelung außerhalb der EU weitgehend abgeschafft. Die eigenen Erfahrungen aus der jüngsten Geschichte waren vergessen. Besonders für Menschen aus dem ehemaligen Jugoslawien, die in ihre zerstörte Heimat zurückgebracht werden sollten, war die Situation schwierig. In der katholischen Kirche bildete sich eine kleine Gruppe, die sich »Ordensleute gegen Ausgrenzung« nannte und in bevorstehenden Konflikten handlungsbereit sein wollte.

Kurz vor der Eröffnung der neuen Abschiebehaftanstalt in Berlin-Köpenick im Herbst 1995 begann die Gruppe mit einer regelmäßigen Mahn- und Gebetswache vor ihren Mauern. 350 Menschen konnten in dem ehemaligen DDR-Gefängnis festgehalten werden. Oft waren es Menschen, die auf Grund von zwischenstaatlichen Regelungen gar nicht abgeschoben werden konnten. Durch den Freiheitsentzug wollte die Regierung mögliche Flüchtlinge abschrecken. Sie verbeugte sich – unserer Ansicht nach – tief vor den ausländerfeindlichen Stammtischen im Land, an denen einige ihrer Wähler saßen.

Regelmäßig stehen wir bis heute vor den Mauern dieses Polizeigewahrsams. Die Mauern entsprechen denen, die um das westliche Europa errichtet sind. Den hier Inhaftierten wird keine Straftat vorgeworfen. Weil ihnen anerkannte Pässe und Visastempel fehlen, sollen sie vor die Festung Europa verbracht werden. Mit unseren Berliner Mauererfahrungen stehen wir dort und sehen die Mauern innerhalb unserer Gesell-

schaft deutlicher. Dabei entdecken wir in uns selbst Ängste, die solche Mauern möglich machen. Doch wir hören auch biblische Botschaften, die ermutigen und tiefer liegende Hoffnungen in uns wach rufen. Dann setzen wir uns der Stille im Angesicht der Gebäude aus. Die Gefangenen in den Zellen sind von zusätzlich eingebauten Gittern abgehalten, aus den Fenstern zu sehen.
Dieser Platz der Meditation wird uns zunehmend zum Heiligen Ort, an dem wir die Realität besser sehen und auf unsere verborgenen Sehnsüchte hören lernen. Nach Erfahrungsaustausch, Gebet und Lied gehen dann einige hinein und besuchen Inhaftierte.

Regelmäßige Teilnahme an Mahn- und Gebetswachen, Kundgebungen oder Friedensgebeten halten den Hunger nach weltweit gelebter Geschwisterlichkeit wach. Darüber verändert sich nach und nach der eigene Alltag und der Blick auf die gesellschaftlichen und religiösen Zusammenhänge.

Ein privilegierter Ort für Exerzitien

Im selben Jahr fragte ein junger Jesuit am Ende seines Studiums, ob er seine jährlichen Exerzitien in unserer kleinen Jesuitenkommunität in Berlin-Kreuzberg machen könnte. Ich wehrte ab und zählte ihm auf: Hier ist keine Ruhe, viele Menschen leben auf engem Raum zusammen, jeder Tag ist voller Überraschungen, wir haben keine Kapelle oder stillen Raum in der Wohnung, und außerdem habe ich noch nie jemanden in Exerzitien begleitet. Er ließ sich von meinen Worten nicht abschrecken und kam.
Von allen Bewohnern wurde er freundlich aufgenommen, und wir vereinbarten ein Gespräch pro Abend,

nach meiner Arbeit in der Fabrik. Er erzählte von seinen Streifzügen durch die Stadt, ich hörte ihm zu. Ältere Gebäude und protzige Neubauten fielen ihm auf, in Baulücken fand er ruhige Meditationsorte. Angesichts der neuen Hochhäuser am Potsdamer Platz erzählte er abends von dem Diebstahl der Reichen, der ihm dort offensichtlich wurde. Ich schlug ihm jeden Tag einen Bibeltext für die Meditation vor.
Besonders erinnere ich mich an seinen Weg entlang der Markierung, die auf die Berliner Mauer hinweist. Einen Fuß setzte er im Westen auf, den anderen im Osten der Stadt. Auf diese Weise meditierte er über die Zerrissenheit der Welt und über seine innere Zerrissenheit. Jeder Tag war voller Entdeckungen. Aber er wartete immer intensiver auf eine Antwort: Wohin würde sein Weg im nächsten Jahr gehen? Sollte er in einem Hospiz mit Aidskranken arbeiten?
An einem Abend fuhr er mit der U-Bahn zum Gottesdienst. Auf der Treppe am Ausgang der U-Bahn-Station saß ein Bettler. Flüchtig sah er ihn. Dieser Moment reichte, um seine Frage zu beantworten. Freudestrahlend kam er zurück und erzählte von diesem Erlebnis.
Da merkte ich, dass ich an einem privilegierten Ort für Exerzitien wohne. Auch die Bewohner der Wohngemeinschaft waren für ihn zu Begleitern geworden. Er fand auch in ihnen eine konkrete Anwesenheit Gottes, die Geborgenheit schenkte und die er anderen weitergeben wollte.

Wir können nicht planen, wie, wo oder wann uns Gott anspricht. Dies geschieht überraschend. Die Exerzitien sind eine privilegierte Zeit, diese Impulse wahrzunehmen und ihnen nachzugehen.

Den Ärger nutzen – JEV 2

Bei JEV-Einführungstagen werden die neuen Freiwilligen gefragt, was sie mit dem Wort »Gerechtigkeit« verbinden. Als ich teilnahm, verstand ich die meisten Antworten nicht. Acht Monate später findet jeweils ein begleitendes Seminar zu diesem Thema statt. Bei der Vorbereitung fragte ich einmal die drei anwesenden Volontäre in Berlin, welche Ungerechtigkeit sie an ihren Einsatzorten unter Obdachlosen und Flüchtlingen sehen.
Eine Volontärin arbeitete in der Ankunftsstelle für Flüchtlinge auf dem Flughafen. Ihre zentrale Frage war: »Kann ich als gläubiger Mensch eine verlässliche Staatsbürgerin sein? Aus dem Glauben heraus will ich Gastfreundschaft leben; aber mit meinem juristischen Wissen darf ich fast keinem der Flüchtlinge, die unter Lebensgefahr lange Wege hinter sich haben, Hoffnung auf ein Bleiben machen. Wohin sollen die Menschen noch fliehen, bis sie Schutz finden? Ich kann im Konfliktfall nicht zwei Herren dienen (Lk 16,13). Wie werde ich mich entscheiden?« In dieser existenziellen Frage leuchtete eine Seite Gottes auf, die ihr einen Zugang zu sich selbst und zu anderen eröffnete. Sie erkannte ihre Würde, entscheidungsfähig zu sein, und den Schmerz, dem sie nicht ausweichen darf. Darin ahnte sie die Einladung Gottes, der sie in Beziehung zu allen Menschen setzt und dadurch in die fundamentale Freiheit gegenüber allen menschlichen Gesetzen ruft.
Eine andere Freiwillige arbeitete in einer Suppenküche: »Ich sehe um mich herum Menschen, deren Leben so durch Drogen oder durch Ängste eingenebelt ist, dass sie entscheidungsunfähig sind. Auch ich gehö-

re dazu. Wie kann ich in diesem Zustand auf eine freie menschliche Entscheidung hoffen? Ist diese Freiheit nicht eine Illusion?« Diese Frau war zu den obdachlosen Menschen nicht auf Distanz geblieben. Eine Art Liebesbeziehung zu ihnen und vielen anderen hatte begonnen. Darüber verschärfte sich die Frage nach dem in die Freiheit rufenden Gott. Ihre Gottesbeziehung wurde in Frage gestellt und war doch als eine allen Menschen gegebene Verheißung da.

Ein Volontär arbeitete in einem Heim für Wohnungslose: »Mich machen die Bürokraten wütend, die Anordnungen erlassen, unter denen Obdachlose leiden, ohne dass sie je mit ihnen gesprochen haben. Und auch meine ehemaligen Studienkollegen reden abfällig von den Menschen auf der Straße. Sie haben doch auch eine Würde!« Die allen Menschen vorab geschenkte Würde stand für ihn im Mittelpunkt.

Die Frage nach dem Ärger über Ungerechtigkeit hatte den Weg gezeigt, die eigene Sehnsucht nach einer gerechteren Welt zu sehen. Die Sehnsucht hinter dem Ärger ist diesen drei Menschen wohl von Gott als Lebensmotor mit auf den Weg gegeben worden.

Der Ärger oder die Traurigkeit über ungerechte, ungute Lebensumstände sind ein guter Hinweis auf die eigene Sehnsucht, die uns antreibt, Missstände zu sehen und auf Veränderung zu drängen.

Der interreligiöse Dialog

Anfang 1995 tagte die 34. Generalkongregation der Gesellschaft Jesu. In der Presse wurde besonders ihr 14. Dekret bekannt: »Jesuiten und die Situation der Frauen in der Kirche und in der bürgerlichen Gesell-

schaft.« Dieses wichtige Thema sollte weltweit angesprochen werden.
Die 32. GK hatte die Identität des Ordens neu zusammengefasst: »Die Teilnahme am Kampf für Glaube und Gerechtigkeit ist das, was den Jesuiten in unserer Zeit ausmacht.« Die 34. GK bestätigte diese Aussage und ergänzte sie um die Worte »Inkulturation« und »Interreligiöser Dialog«. Das Verhältnis zueinander wurde folgendermaßen beschrieben:

»Heute sind wir uns darüber im Klaren

Kein Dienst am Glauben ohne
Förderung der Gerechtigkeit,
Eintritt in Kulturen,
Offenheit für andere religiöse Erfahrungen.

Keine Förderung der Gerechtigkeit ohne
Glauben mitzuteilen,
Kulturen umzuwandeln,
mit anderen Traditionen zusammenzuarbeiten.

Keine Inkulturation, ohne
sich über den Glauben auszutauschen,
mit anderen Traditionen in Dialog zu treten,
sich einzusetzen für Gerechtigkeit.

Kein Dialog,
ohne den Glauben mit anderen zu teilen,
Kulturen zu untersuchen,
Sorge zu tragen für Gerechtigkeit.«[11]

Dieser Text ist eine Ermutigung für mich, den eingeschlagenen Weg fortzusetzen. Das Zusammenleben mit Menschen verschiedener Kulturen und Religionen war in unserer Kommunität zum Alltag geworden. Die Einheit konnte mitten in einer großen Vielfalt erlebt werden. Auch zum Thema Gerechtigkeit wird nochmals betont: »Auf allen Gebieten unseres Apostolates müssen wir Gemeinschaften schaffen, die sich solidarisch für Gerechtigkeit einsetzen.«[12] In dem ausführlichen Dekret zum Interreligiösen Dialog[13] heißt es:

»In Anbetracht der Spaltungen, Missbräuche und Konflikte, zu denen die Religionen, auch das Christentum, im Laufe der Geschichte geführt haben, versucht der Dialog, der einigenden und befreienden Kraft, die jeder Religion innewohnt, zum Durchbruch zu verhelfen und so die Bedeutung der Religionen für das Wohl der Menschheit, für die Gerechtigkeit und für den Frieden in der Welt hervorzuheben. Vor allem müssen wir deswegen mit Gläubigen anderer Religionen gute Beziehungen pflegen, weil sie unsere Nächsten sind; die gemeinsamen Elemente unseres je eigenen religiösen Erbes und unsere gemeinsame Sorge für die Menschheit drängen uns, auf der Basis allgemein anerkannter ethischer Werte immer engere Verbindungen herzustellen. Dialog ist eine Tätigkeit, die Gründe, Erfordernisse und Würde eigener Art hat; er darf niemals zu einer Strategie gemacht werden, um Bekehrungen zu produzieren. Heute religiös zu sein heißt, interreligiös zu sein, in dem Sinne, dass in einer von religiösem Pluralismus geprägten Welt eine positive Beziehung mit Gläubigen anderer Religionen unumgänglich ist.«[14]

Anschließend wird an den von der Kirche 1991 geforderten vierfachen Dialog erinnert: an den *Dialog des Lebens*, bei dem in offener nachbarschaftlichen Atmosphäre Freud und Leid geteilt wird; an den *Dialog des Handelns*, in dem Christen und Nichtchristen für eine

umfassende Entwicklung und Befreiung der Menschen zusammenarbeiten; an den *Dialog der religiösen Erfahrung*, in dem Menschen, die in ihrer eigenen religiösen Tradition verwurzelt sind, ihren spirituellen Reichtum teilen, z.B. was Gebet und Kontemplation, Glaube und Suche nach Gott oder dem Absoluten angeht; an den *Dialog des theologischen Austausches*, in dem Spezialisten das Verständnis ihres jeweiligen religiösen Erbes vertiefen und die gegenseitigen Werte zu schätzen lernen.
Weiter heißt es: »Ein offener und ehrlicher interreligiöser Dialog ist unsere Form der Mitwirkung bei Gottes andauerndem Dialog mit der Menschheit. Durch den Dialog lassen wir Gott in unserer Mitte gegenwärtig sein.«
Besonders das Zusammenleben mit Muslimen prägte mich. In den Protesten gegen den Irakkrieg wurde die gewachsene Solidarität zu diesen Nachbarn und Mitgliedern meiner Gemeinschaft geprüft. Der Dialog sollte nicht nur zum besseren Verstehen der eigenen Religiosität führen, sondern auch zum Wahrnehmen der Praxis und Reflexion in anderen Religionen und darüber zu mehr Achtung und Zusammenarbeit mit Menschen anderer Religionen. Dieser Weg überwindet in der Praxis ein Denken, das Mitmenschen auf nur einen Aspekt ihrer Wirklichkeit reduziert und sie nur als Ausländer, Arbeitslose, Asylsuchende sieht.

Das Engagement für eine umfassende menschliche Befreiung, besonders der Armen, ist ein Berührungspunkt der Religionen. Wenn wir uns diesem Aspekt im Dialog nähern, dann leuchtet ein richtungsweisendes, warmes Licht auf.

»Gehen wir!«

1996 klopfte ein junger Priester an unsere Tür und fragte, ob er bei uns Exerzitien machen könnte. Diesmal stimmte ich schneller zu. Doch dann war ich verdutzt, als er mir sagte, dass ich ihm keine biblischen Texte zur Meditation geben sollte. Die Bibel sei sein Arbeitsbuch, er würde sie zum Predigen lesen, aber in Verbindung zu seinem eigenen Leben sei sie ihm verschlossen. Als Anregung für die Meditation erzählte ich ihm nun jeden Tag eine Geschichte aus unserem Leben in Berlin-Kreuzberg.

Nach einigen Tagen wollte er sich für eine Nacht in ein Wochenendhäuschen am Stadtrand zurückziehen. Vorher saßen wir noch am Küchentisch, er erzählte vom letzten Tag. Während des Gespräches klingelte ein fremder Mann an der Tür und setzte sich mit an den Tisch. Wir hatten beide nichts dagegen. Nach einer halben Stunde sagte der Mann ganz passend: »Jetzt ist es aber gut. Gehen wir!« Ich habe gestaunt und geschwiegen. Die beiden fuhren an den Stadtrand und übernachteten dort.

Am nächsten Tag erzählte mir der junge Priester, sie hätten sich beide gut vertragen. Am Morgen hätten sie die Hütte gereinigt und den Dreck in eine Tüte gefüllt. Er habe den Mann gebeten, die Tüte bis zum Mülleimer mitzunehmen und sie hineinzuwerfen. Da habe er zu ihm gesagt, dass er seinen Dreck alleine tragen könne. Sofort sei ihm bewusst geworden, dass er den Abfall immer anderen aufbürdete. So wurde dieser Satz zur entscheidenden Wende in seinem Suchen. Auf dem Weg in die Stadt verabschiedete sich der Mann und wurde von uns nie wieder gesehen. Seinen Namen kennen wir nicht. Der Priester war durch diese Begegnung ins Gebet um seine Bekehrung eingetreten. Am letzten Tag der Exerzitien konnte er wieder eine Geschichte aus der Bibel mit seinem Leben in Verbindung bringen.

Keine alltägliche Situation unseres Lebens ist für Gott zu banal, um uns darin anzusprechen. Gott handelt oft wie ein Schalk und überwindet so unsere meist intellektuellen Panzerungen.

Die Begleitung – JEV 3

In ihrem Jahr bei JEV werden die Volontäre breit unterstützt: Die Mitarbeiter im JEV-Büro begleiten die Bewerber/innen, sorgen für den Kontakt mit den Arbeitsstellen und für die materiellen Bedürfnisse. Vom Büro aus werden das Jahr über thematische Seminare geplant. Auch Exerzitien werden von dort aus angeboten, mit persönlicher Begleitung für jeden Teilnehmer. Über die interne Zeitschrift JEV-NET werden Themen unter den aktuellen und den ehemaligen Volontären erörtert. Jede JEV-Kommunität hat einen Begleiter oder eine Begleiterin oder beides. Diese nehmen an den wöchentlichen Kommunitätsabenden teil und unterstützen die Gemeinschaften auf ihrem Weg, auftauchende Fragen zu sehen und anzugehen. Außerdem wird jedem/r geraten, auf der Arbeit eine Vertrauensperson zu suchen, um dort auftauchende Fragen und Konflikte anzusprechen, und sich für jemanden zu entscheiden, der die geistliche Begleitung übernimmt, da auf dem Weg zum Erwachsenwerden religiöses Suchen, Familienfragen und Entscheidungen über die Ausbildung anstehen.
Was die einzelnen aber vor allem »begleitet«, habe ich

noch nicht genannt: die gegenseitige Herausforderung in der Gemeinschaft.
Bei der Abschlussreflexion mehrerer Jahrgänge wollte ich jeweils die verschiedenen Begleitungsformen veranschaulichen. Ich griff auf die Geschichte am Ende des Lukasevangeliums zurück. Sie handelt von zwei enttäuschten Jüngern Jesu, die nach seinem Tod die Nase voll hatten und von Jerusalem weggingen (Lk 24,13–37). Auf dem Weg nach Emmaus begleiteten sie sich gegenseitig in ihrer Enttäuschung und erzählten sich von den zurückliegenden Ereignissen. Ein Fremder kam dazu, er hatte in seiner Unwissenheit den Mut, nach ihrem Unmut zu fragen. Ihm wurde alles nochmals erzählt. Dabei verschwiegen sie nicht ihren Unglauben – in Jerusalem hatten Frauen versucht, ihnen die Ereignisse anders zu deuten. Da erklärte der Fremde seine Sicht. Diese nachfragende Begleitung kam ans Ende, als sie das Dorf Emmaus erreichten. Die beiden Jünger forderten den Fremden energisch auf, mit ihnen zu kommen. Er drängte sich nicht auf. Diese Zurückhaltung scheint mir ganz wichtig zu sein. Über das gewachsene Interesse kommt es zur fast nötigenden Einladung. Dann bricht die Geschichte ab. Was mag geschehen sein? Mit dem nächsten Satz vertauschen sich die Rollen: Der Fremde wurde zum Gastgeber, er brach das Brot und teilte es aus. Dieser Rollenwechsel ist typisch für gutes Begleiten. Es ist immer ein gegenseitiges Unterstützen.

Eine lebendige Begleitung gestaltet sich in verschiedenen Situationen und Lebensprozessen ganz unterschiedlich. Wir können sie nicht planen, sondern müssen uns neu in den einzelnen Etappen dafür öffnen.

Der Anstoß durch einen älteren Bruder

Im Herbst 1997 kam ein Mitbruder, Alex Lefrank, zu Besuch; er hatte sich mit anderen darum bemüht, im Orden den Einsatz für Glauben und den für Gerechtigkeit besser zu verzahnen (siehe Seite 16). Mit dem Ergebnis war er unzufrieden und sprach vom Scheitern. Jetzt wollte er Exerzitien in unserer Kommunität machen. Ich sollte ihn begleiten. Wieder war ich erschrocken und wehrte mich spontan. Der Mitbruder hatte schon viele Menschen begleitet, Exerzitienbegleiter ausgebildet und viele Artikel zum Thema geschrieben. Ich würde gern bei ihm etwas lernen, sagte ich ihm. Doch er blieb hartnäckig, und ich willigte ein. Dann kam er mit seinem dritten Anliegen: Er wolle mit mir zusammen in Berlin-Kreuzberg einen Exerzitienkurs für Jesuiten anbieten. Wir schrieben einen Kurs aus:

Geistliche Übungen in Berlin-Kreuzberg – 10.7. abends bis 19. 7. 1998 morgens:

Für die »Urexerzitien«, d.h. die Exerzitien, die Ignatius selbst in Manresa gemacht hat, war das Milieu und die Lebensweise, in der er sich befand, wesentlich: Er lebte als Bettler im Randmilieu der damaligen Gesellschaft (siehe Bericht des Pilgers). Es kann uns helfen, in die »Nachfolge des armen und geschmähten Herrn« tiefer hineinzuwachsen, wenn wir unsere Jahresexerzitien einmal nicht im gepflegten Milieu eines Exerzitien- oder Jesuitenhauses machen, sondern in der Stadt, nahe bei den Menschen, die ausgeschlossen und ausgegrenzt werden, in der Nähe ihrer Treffpunkte vor dem Bahnhof, in der Suppenküche, auf dem Drogentreff oder vor dem Sozialamt. Solcherart Exerzitien bieten die Chance, Armut neu zu entdecken,

die unsere Satzungen und die letzten Generalkongregationen zeichnen.
Zum Ort: Einfache Unterkunft in der – im Juli geschlossenen – Wärmestube der ev. und kath. Gemeinde und in angrenzenden Räumen.
Wir stellen uns vor, dass durch den Ort und den Kontakt, der sich mit wirklich Armen ergibt, unser Gebet genährt und geprägt wird – über das hinaus, was wir selber mitbringen. Wir hoffen, dass dadurch sowohl das Evangelium als auch bestimmte Texte unserer Satzungen lebendiger werden. Christian und Alex werden dafür kurze Impulse vorbereiten. Außerdem stehen sie für die Begleitung der Einzelnen zur Verfügung. Ein Austausch der Teilnehmer über die Erfahrungen des Tages – am Abend in der Eucharistiefeier – kann eine zusätzliche Bereicherung sein.

Bei einem Wunsch nach Erneuerung sollten wir nach den Ursprüngen fragen. Ignatius entdeckte die Exerzitien in Manresa, wo er in armen Verhältnissen in einer Höhle lebte.[15] *Auch später suchten Menschen in Exerzitien einfache Lebensumstände, um sich den Grundfragen ihres Lebens zu stellen. So wählte Peter Faber einen Platz im Kohlenkeller, um die Nähe Gottes zu entdecken und alle eigenen Vorstellungen loszulassen.*

Mein Lampenfieber

Im Frühjahr 1998 suchte ich mir einen stillen Ort am Stadtrand von Berlin, um mich der Begleitung Gottes in den geplanten Exerzitien für Mitbrüder zu vergewissern. Welche Themen würde er mir mit auf den Weg geben? Mit welchen Impulsen sollte ich losgehen? Ich wollte ganz offen sein. Exerzitien sind ja

Chefsache, also der persönliche Austausch jedes Einzelnen mit dem Leben selbst. Diesem Leben wollte ich mich neu in meinen Exerzitien nähern. Anschließend schrieb ich einen Text; er beschreibt den Ausgangspunkt, von dem aus ich in die Begleitung der Exerzitien eintrat.[16] Ich wollte mir Rechenschaft über die Bezugspunkte meines geistlichen Prozesses geben. Jesus steht arm vor Gott (Mt 5,3). Nichts steht zwischen ihm und dem Vater. Diese Armut ist die Wurzel der Freiheit von jeder Entfremdung. Mit dieser Armut möchte ich vor Gott treten und andere dazu einladen.

Den um der Gerechtigkeit willen Verfolgten und den vor Gott Armen wird das Himmelreich verheißen (Mt 5,3.10), also die innige Lebensgemeinschaft mit der Quelle allen Lebens und mit allen Lebendigen. Sie haben verstanden, sich nicht auf Titel, Wissen, Erfolg oder gar Gewalt zu verlassen.

Untergebracht im Obdachlosentreff

Im Aufenthaltsraum der Wärmestube waren die Tische beiseite geräumt, am Boden lagen vier Isomatten. So hatte jeder eine Schlafstelle. Ich hatte in der Firma keinen Urlaub erhalten und kam erst abends. Nach dem Frühstück gab es ein Morgengebet und nach der abendlichen Eucharistiefeier ein Essen, das von den Teilnehmern zubereitet wurde. Am Tag war jeder dorthin unterwegs, wohin ihn seine innere Stimme lockte.
Am ersten Abend saßen wir beim Abendessen und unterhielten uns angeregt. Dann wollten wir zu den Einzelgesprächen mit den Teilnehmern übergehen. Doch da kam der Vorschlag von einem Teilnehmer, dass wir zusammen bleiben und einander von den Ereignissen des Tages erzählten sollten. Wir wollten es

probehalber so versuchen und am nächsten Tag neu entscheiden. Auch die folgenden Tage blieben wir beim Tagesrückblick zusammen.
Wir schlugen als begleitenden Text für die Exerzitien den vom brennenden Dornbusch vor. Die Teilnehmer sollten entdecken, worauf sie neugierig werden. Auf ihrem Weg durch die Stadt konnten sie unverhofft Orte entdecken, die für sie zu heiligem Boden werden. Wir empfahlen ihnen, dort die Schuhe der Distanz auszuziehen und auf die Stimme Gottes zu hören. Wo wartet Gott auf mich, um mir, ähnlich wie Mose, einen Weg zu weisen?
Ein Teilnehmer war auf das Geschehen in der Suppenküche neugierig geworden. Doch er merkte innerlich, dass er an diesem Tag nicht eingeladen war, sich mit in die Schlange der Hungrigen zu stellen. Etwas hielt ihn zurück. Er blieb am anderen Ende des Hofes stehen und beobachtete das Geschehen. Er gehörte nicht zu den Menschen dort drüben – eine schmerzhafte, aber heilende Erfahrung. Die Nähe zu ihnen und zu Christus unter ihnen kann keiner selbst bestimmen. So war es gut, am anderen Ende des Hofes stehen zu bleiben und zu warten.
Die abendlichen Erzählungen waren voll von Erlebnissen des Wartens und voll überraschender Begegnungen. Das Entdecken des auferstandenen Christus ist nicht planbar. Uns wurde aber neuer Hunger nach Begegnung mit ihm geschenkt.

Die Zeiten des Staunens führen oft nicht zu einem direkten Handlungsimpuls. So gab es am Ende dieser herausfordernden Tage auch keinen Plan, einen solchen Exerzitienkurs zu wiederholen. Aber sie schenkten Offenheit und Geduld, Anstöße wahrzunehmen.

3. Exerzitien auf der Straße (ab 2000)

»Straße« weist auf den offenen, nicht verplanten Bereich im Leben hin. Dort entdecken wir Chancen der Begegnung. Auf den Plätzen und Straßen finden wir Orte, an denen wir einengende Grenzen bemerken, diese überschreiten, Heilung finden und neue Perspektiven im Leben sehen können.

Zwei herausfordernde Anfragen

Zuerst kam im Sommer 1999 Teresa Jans-Wenstrup zu Besuch nach Berlin. Sie hatte im Jahr vorher einen Monat bei uns gewohnt und sich an verschiedenen Brennpunkten in der Stadt umgesehen, Suppenküchen besucht und eine Woche in einer Wagenburg mitgelebt. Sie gehört zu der Gemeinschaft »Schwestern Unserer Lieben Frau«. Diese wurde 1850 für den Dienst an armen Kindern gegründet. Teresa wünschte sich für ihre Gemeinschaft zum 150-jährigen Bestehen im nächsten Jahr einen Exerzitienkurs in Berlin-Kreuzberg, weil die Gemeinschaft aus dem ignatianischen Geist lebt und die Schwestern an diesem Ort ihren Ursprungsgeist auf besondere Weise wiederentdecken könnten. Vorbild war der kleine Kurs im Jahr zuvor. Teresa schrieb in den Einladungstext für die Exerzitien unter anderem:
»Aus einer eigenen Erfahrung heraus möchte ich einladen, sich auf eine etwas andere Form von Exerzitien einzulassen, als die meisten von uns es gewohnt sind. Wenn ich mich im Blick auf Jesus neu auf die Suche nach seinem und meinem Gott mache, sind dabei das

Umfeld und die Lebensweise von großer Bedeutung. Da kann Berlin-Kreuzberg ein Ort sein – für mich war und ist er es – in der Nähe von Menschen aus vielen Nationen, Religionen und mit vielen unterschiedlichen Erfahrungen zu leben. Diese Orte der Meditation nähren und prägen mein Gebet.
Für die Begleitung solcher Exerzitien konnte ich in Berlin die »Ordensleute gegen Ausgrenzung« gewinnen, eine Gruppe von Ordensleuten verschiedener Gemeinschaften, die sich im Angerührtsein von der Ausländerthematik und anderen Formen von Ausgrenzung gefunden haben und denen in diesem Bereich besonders ihre spirituellen Grundlagen wichtig sind.«
Bald darauf schrieb mir die Geschäftsführerin der Arbeitsgemeinschaft Deutscher Diözesan-Exerzitien-Sekretariate (ADDES) aus Bonn. Sie suchte einen Referenten für die Jahresfortbildung für Exerzitienbegleiter/innen in Hamburg. Das Thema der Woche lautete: »Gott umarmt uns durch die Wirklichkeit – die gesellschaftliche Dimension der Exerzitien«. Ich wies dieses Ansinnen deutlich zurück. Doch sie ließ nicht locker, besuchte uns in Berlin und schlief eine Nacht bei uns. Ich fragte Alex Lefrank. Er war bereit, mit mir nach Hamburg zu fahren. Und ich merkte, wie viele Menschen Teile der Fortbildung übernehmen wollten.

Erwartungen anderer können überfordern, aber auch ungeahnte eigene Fähigkeiten mobilisieren. Um besser entscheiden zu können, helfen Rückfragen bei Freunden.

Drei Stunden habe ich nicht existiert

50 Teilnehmer/innen aus ganz Deutschland kamen im Mai 2000 nach Hamburg. Sie waren in der Nähe des

Hauptbahnhofs untergebracht, wo viele Menschen in Not leben. Nach einigen Vorträgen von Alex sollte ich von unseren Erfahrungen berichten. Ich erzählte die Geschichte vom brennenden Dornbusch. Sie leitet ja zur Meditation an: Mose geht mit der Herde über die Grenze der Steppe in die Wüste. Er sieht einen brennenden Dornbusch und wird über dieses alltägliche Ereignis neugierig, weil der Dornbusch – wie die Liebe Gottes – brennt, aber nicht verbrennt. Mose geht los und bemerkt, dass er sich – irgendwo auf dem Weg – auf heiligem Boden befindet. Sofort muss er den alltäglichen Abstand zur Realität, seine Schuhe, ablegen, um die Sinne zu öffnen. Mose hört das Schreien seines Volkes und bekommt den Auftrag, dorthin zurückzukehren. Er soll an der Befreiung und Selbstfindung seines Volkes mitwirken (Ex 3). Wenn wir – und sei es nur für einen Moment – das Gewohnte verlassen, können wir mitten im Alltag auf etwas stoßen, das uns neugierig macht. Wenn wir diesen Impuls nutzen und losgehen, kann der Moment kommen, aufmerksam stehen zu bleiben. Dann sollten wir unsere Schuhe des Herzens ausziehen und ganz konkret die Schuhe des Weglaufens, der Distanz, des Größerseins, des Vergleichens, des Urteilens und des verletzenden Zutretens ablegen. Das Leben, ja Gott selbst will mit uns sprechen, an welchem Ort und aus welchem stacheligen Dornbusch heraus dies auch immer geschehen soll. Dann stehen wir plötzlich auf heiligem Boden, mitten auf den Straßen des Lebens. Wir sind zum Hören und Fragen eingeladen.

Den nächsten Tag verbrachte ein Teil der Teilnehmer/innen mit Menschen in einer Suppenküche oder in einem Arbeitslosenprojekt. Die Einladungen dorthin waren gut vorbereitet. Zwölf der Teilnehmenden zogen jedoch allein los, zu einem Gefängnis oder zu einem Unterkunftsschiff für Asylbewerber. Dort wurden sie still. Staunend kamen sie abends zu dem vereinbarten Treffpunkt auf dem Bahnhofsvorplatz.

Der Direktor eines Exerzitienhauses hatte sich den Bahnhof ausgesucht, eine Bierflasche gekauft und sich auf eine Treppe zu einer Gruppe gesetzt. Bei seiner Rückkehr sagte er immer wieder: »Ich habe drei Stunden nicht existiert.« Alle Leute hatten über ihn und die Gruppe hinweggesehen. Auch die Bekannten aus dem Kurs hatten ihn nicht bemerkt. Eine Frau hatte die ganze Gruppe beschimpft und sie aufgefordert, ihren Koffer zu tragen. Der Mann hatte der Frau geholfen und anschließend ein Trinkgeld mit einer Standpauke erhalten, dass er das Geld nicht für Alkohol ausgeben solle. Auch sie hatte ihn nicht wirklich gesehen. Er hatte sich wieder auf die Treppe gesetzt und war damit aus der Welt des Bahnhofs wie unter eine Wasseroberfläche abgetaucht.

Manchmal bemerken wir, wie Menschen über andere, ja selbst über Freunde, den Kopf heben und über sie hinwegsehen. Sie verfolgen ein Ziel. Eine Begegnung würde stören, vielleicht sogar überfordern. Sie würden ihr Ziel aus den Augen verlieren. Wenn wir aus diesem Verhalten aussteigen und uns neben einen Bettler setzen, verändert sich unser Blickwinkel, und wir lernen unsere Umwelt und auch unsere eigenen Ängste neu sehen.

Blumen im Keller

Im Sommer 2000 konnten wir die Teilnehmer/innen der Exerzitien in den Räumen der Gemeinde St. Michael begrüßen. Im Winter leben hier wohnungslose

Menschen, um sich vor der Kälte zu schützen. Eine Suppe stand auf dem Tisch, die Betten der Notunterkunft im Keller waren bezogen. Eine Begleiterin hatte in dem fensterlosen Raum neben jedes Bett eine kleine Topfblume gestellt, um unser Willkommen auszudrücken.

Jede/r bringt wohl in eine solche Zeit der Offenheit viele Ängste mit: Wie kann ich mich vor Gott und den noch fremden Menschen auch mit den Seiten zeigen, die ich sonst – oft sogar vor mir selber – zu verstecken suche?[17] Aber die Anfangsscheu verflog schnell. Nach dem Abendessen und einer Vorstellungsrunde wurden die Teilnehmer/innen eingeweiht, dass sie nicht, wie erwartet, in Einzelgesprächen begleitet wurden, sondern in zwei kleinen Gruppen. Mit Stadtplänen und einigen Hinweisen entließen wir sie in den Ankunftstag. Jeder näherte sich der neuen Umgebung auf andere Weise. Manche blieben den ganzen Tag in der Nähe und staunten über das Leben in Kreuzberg. Andere sahen sich schnell noch etwas in Berlin an, was sie unbedingt sehen wollten, um dann für die Exerzitien frei zu sein.

Eine Frage gaben wir ihnen mit auf den Weg, um die persönliche Fundamentbetrachtung vorzubereiten: »Worüber ärgerst du dich immer wieder, worüber wirst du regelmäßig traurig?« In Anlehnung an die Versuchungsgeschichte Jesu könnte die Frage auch lauten: »In welchen Situationen musst du deutlich Nein sagen oder welchen Anfragen deiner Umwelt widersagen, wenn du das Leben in dir nicht verraten willst?«

Am Abend trafen sich regelmäßig die beiden Austauschgruppen. Dort erzählte jede/r von den Erlebnissen des Tages und fragte sich, wie er/sie an diesem Tag

von Gott. begleitet wurde und was er ihm/ihr zeigen wollte.
Beim Erzählen des mitgeschleppten Ärgers oder der Trauer wurde jeder/m der Wunsch nach Veränderung deutlich, der von seiner/ihrer Sehnsucht gespeist wird. Die in uns liegende Sehnsucht können wir als Ausdruck unserer Würde oder als Zeichen der Gegenwart Gottes entdecken. Wir können versuchen, Gott mit der entdeckten Sehnsucht anzusprechen und darüber ins persönliche Gebet einzutreten. Dieses Gespräch mit Gott begleitet die Übenden und führt sie zu den Orten seiner Anwesenheit. Aus dieser Fundamentbeziehung heraus, in der die Teilnehmer/innen die Einheit mit ihrem Ursprung benennen, entdecken sie den Weg zu dem Dornbusch, in dem Gott auf sie wartet.
Ein Mensch, der viel Verachtung und Ausgrenzung erfährt, findet vielleicht zu dem Namen: »Du, der du mich achtest und dich lieber beiseite schieben lässt, als die Beziehung zu mir zu verraten.« Im persönlichen Gebet wird die Rückfrage kommen: »Warum bin ich dir so wichtig? Was siehst du in mir so Wertvolles?« Über dieses Gespräch wird sich der persönliche Name Gottes manchmal noch ändern. Nach und nach ahnt der/die Betende, wie Gott ihn/sie ansprechen könnte: »Du, den/die ich so achte, dass ich mich für dich im Konfliktfall schmähen lasse.«
Jede/r von uns hat einen ganz persönlichen Zugang zum Leben und darüber zu Gott. Die verschiedenen Aspekte, welche die Übenden finden, werden im Austausch am Abend noch lebendiger. Und wir ahnen die Fülle, aus der heraus wir alle einzigartig geschaffen sind. Die Blumen im Keller waren ein Symbol: Indem wir auf Leben behindernde Blockaden schauen, kann der eigene Gottesname nach und nach »aufblühen«.

Die vertrauensvolle Beziehung zum Leben, zur Schöpfung, zu Gott in allem ist das Fundament für das Suchen und für das Entdecken in den Geistlichen Übungen. Sie ist ein Geschenk, um das wir bitten. Dabei werden wir oft auch den Schmerz spüren, uns jetzt noch nicht daraufhin loslassen zu können.[18]

Der persönliche Dornbusch

Nach einigen Tagen bemerkten die Übenden, dass sie langsamer wurden und dass sich in ihnen eine Stille ausbreitete, die sie aufmerksamer werden ließ. Störungen wurden nicht mehr spontan abgewehrt um eines zu verfolgenden Zieles willen. Sie durften sein und wurden als Impulse wahrgenommen. Es entwickelte sich eine Gelassenheit und Freiheit, zu sprechen oder zu schweigen, hinzuhören oder das Gesagte vorbeiziehen zu lassen. Die eigenen inneren Impulse wurden deutlicher wahrgenommen. Eine Zeit des Nicht-Planens und Nicht-Wissens hatte begonnen.
In dieser Situation hörten die Übenden den Text über Mose, der neugierig zu dem brennenden und doch nicht verbrennenden Dornbusch ging. In welchem Dornbusch mochte Gott auf eine Begegnung mit den Übenden warten? Keine/r der Begleiter/innen konnte auf diese Frage eine Antwort geben. Wir luden die Übenden ein, aufmerksam loszuziehen, um den heiligen Ort im Angesicht ihres Dornbuschs zu finden.
Alle Versuche, ihn für einen anderen Menschen benennen zu wollen, wären ein Eingreifen in die Freiheit Gottes, der uns dort begegnen will, wo er es mit seiner Aufmerksamkeit vorgesehen hat. Er begegnet uns an einem für uns zunächst zufälligen Ort. Nachträglich sehen wir meist, wie gut dieser Ort in unsere

Lebensgeschichte passt. Sie kann sich dort heilend fortsetzen. Neben einem konkreten Ort irgendwo – dafür steht das Wort Straße – kann der Heilige Ort auch in der eigenen Person gefunden werden. Auch dort ist Gott anwesend. An diesem Ort ist es oft besonders schwer, die Schuhe der eingefleischten Vorurteile auszuziehen.

Alle Teilnehmer bekamen eine Liste von Orten, die ihre Phantasie anregen und beim Aufbrechen helfen konnten. Auf den Wegen dorthin würde sich das Herz regen und die Person weiterführen. Die Ziele waren Orte, an denen sich Suchtkranke oder Wohnungslose gerne aufhalten, der Drogennotdienst, Suppenküchen oder Gefängnisse, Hospize, ein altes Stasi-Gefängnis oder ein Konzentrationslager, das Ausländer-, das Arbeits- oder das Sozialamt, eine Moschee, eine Synagoge oder ein buddhistischer Tempel, Orte der Prostitution, Flüchtlingsheime, eine Babyklappe, Abschiebelager oder Notdienste für Menschen ohne Pass. Diese Hinweise können – über das Bemerken innerer Widerstände und Freuden – Anstoß sein, den Ort zu entdecken, der zum Staunen und zu mehr Offenheit einlädt.

Wenn wir vor den Mauern eines Gefängnisses oder eines anderen Ortes der Ausgrenzung stehen, schauen wir auf einen großen Tabernakel, wie in einer katholischen Kirche. Gott ist in beiden auf besondere Weise anwesend (Mt 25,36). Doch ob Gott dem/r Übenden gerade hier begegnen will, kann nur der/die Einzelne experimentierend prüfen. Es lohnt sich, geduldig zu suchen, um dann staunend die Einheit mit der Quelle des eigenen Lebens zu finden.

»Brannte uns nicht das Herz?«

Am vorletzten Tag der Exerzitien erzählen die Begleiter/innen eine Passage aus der Bibel, wie sie am Ende des Lukasevangeliums berichtet wird. Zwei Jünger wollten nach dem Tod Jesu den Frauen, die von der Auferstehung Jesu erzählten, nicht glauben und verließen, vermutlich fluchtartig, Jerusalem. Auf dem Weg begegnete ihnen ein Fremder, der ihnen die Ereignisse der letzten Tage neu deutete. Sie luden ihn ein, mit ihnen in dem Dorf Emmaus einzukehren. Beim Essen wird der Fremde zum Gastgeber und bricht den beiden Jüngern das Brot. Dann wird er nicht mehr gesehen. »Sie sagten zueinander: Brannte uns nicht das Herz in der Brust, als er unterwegs mit uns redete und uns den Sinn der Schrift erschloss? Noch in derselben Stunde brachen sie auf und kehrten nach Jerusalem zurück« (Lk 24,32–33).
Die Übenden machten in den Tagen zuvor ähnliche Erfahrungen wie diese beiden Jünger. Wann und wo brannte ihr Herz? Wohin sollten sie jetzt gehen, um von ihren Erlebnissen zu erzählen und die Gegenwart Jesu zu bezeugen? In einem ersten Schritt bot sich an, der jeweils anderen Exerzitiengruppe am letzten Abend von den Erfahrungen der vergangenen Woche zu erzählen, unterstützt durch ein mitgebrachtes Symbol. Am nächsten Tag suchten wir gemeinsam Menschen im Stadtteil auf, um ihnen von dem zu erzählen, was wir in ihrer Mitte erlebten. Manche Zusammenhänge sahen die Übenden erst jetzt deutlich. Auch die Zuhörenden begannen oft von ihren Christusbegegnungen zu erzählen. Einer stand auf und sagte mit viel Freude zu einem der Übenden: »Danke, dass du uns am Drogentreffpunkt besucht hast.«

Diese Begegnung bereitet die Übenden darauf vor, dass sie nach der Rückkehr in ihre gewohnte Umgebung aufmerksam ins Hören und ins Erzählen kommen. Ähnliches wird auch von den zwei Jüngern berichtet, die nach Jerusalem zurückkamen. Sie hörten zuerst von den anderen Jüngern, dass sie Jesus begegnet waren. Dann erzählten auch sie. »Während sie noch darüber redeten, trat Jesus selbst in ihre Mitte und sagte zu ihnen: Friede sei mit euch!« (Lk 24,36). Die Begegnung mit Jesus setzt sich im Erinnern und Erzählen fort. Die Exerzitienerlebnisse werden am neuen Ort Gegenwart und laden ein, weiter in der direkten Beziehung mit dem Auferstandenen zu leben.

Glaubenserfahrungen drängen uns, sie mit anderen zu teilen. Wir können sie nicht privatisieren und als Besitz aufbewahren. Sie würden verderben, wie das nicht verzehrte, auf Vorrat gehortete Manna in der Wüste (Ex 16,20). Beginnen wir zu teilen, dann ist Christus mit seinem Frieden wieder anwesend.

Der heilige Boden im Pfarrbüro

Im Gemeindebrief von St. Michael berichtete ich von den Exerzitien im Pfarrzentrum. Die Gemeindesekretärin Birgid Krause ergänzte den Bericht:

Lieber Christian!
Als ich Deinen Bericht über den Exerzitienkurs für den Gemeindebrief ein wenig besser lesbar (in Spaltenschreibweise) aufbereitet habe und also Satz für Satz in der ganzen Intensität seiner Aussage aufnahm, da war ich innerlich ganz aufgewühlt und ein wenig traurig, dass ich solche Exerzitien noch nicht erleben

konnte. So wie Du Deine Eindrücke und Erfahrungen schilderst, müssen die Menschen, die an diesen Exerzitien teilgenommen haben, unaussprechlich reich beschenkt worden sein!
Offenen Auges und mit weitem Herzen durch die Welt zu gehen, in sich hinein zu hören und heilige Orte zu entdecken, das bleibt wohl den meisten Menschen versagt in ihrer Hektik und Betriebsamkeit. Was für ein Verlust! – Als behinderter Mensch, wie ich einer bin, ist einem diese Fähigkeit und, möchte ich fast sagen, diese Gnade manchmal geschenkt. Ich lebe deshalb intensiver, sehe vieles, was andere nicht sehen können, und danke Gott mit vielen kleinen Stoßseufzern dafür, dass ich all das Schöne, all das Gute, die ganze Herrlichkeit seiner Schöpfung erleben kann; nicht selten sehe und spüre ich auch all die Tragik, die Trauer, die Schwierigkeiten, in denen Menschen stecken können, das Leid, das sie ertragen müssen und das an ihren Nerven zehrt, die Hoffnungslosigkeit, die sie fast verzweifeln lässt.
Für mich ist seit 20 Jahren mein Arbeitsplatz hier im Pfarrbüro ein heiliger Ort. Ich habe es nur bisher nicht gewusst!
Deshalb danke ich Dir sehr für Deinen ausführlichen »Tagebucheintrag« und wünsche Euch allen, dass es noch viele heilige Orte zu entdecken gibt während der kommenden Exerzitien.

Wenn wir beim Zuhören und Lesen von Zeugnissen eigene Erfahrungen wieder erleben oder sie neu deuten, entsteht eine Brücke zwischen uns Menschen. Wir kommen uns näher, auch wenn Jahrhunderte uns trennen mögen.

Bericht in einer Obdachlosenzeitung

Die Exerzitienteilnehmer/innen erzählen an ihren Heimatorten auf vielfältige Weise davon, was sie erlebt haben. Manche schreiben Berichte und veröffentlichten sie.[19] Nach dem zweiten Kurs in Kreuzberg 2001 wünschte sich Petra Maria Tollkötter, dass in ihrer Heimatstadt die Wohnungslosen etwas von ihren Erfahrungen in der Straßenzeitung lesen können:

Münsteraner Ordensleute fahren nach Berlin

Exerzitien in einer Notunterkunft für Wohnungslose in Kreuzberg – auf dieses moderne Abenteuer ließen sich fünf Männer und zwei Frauen aus Münster ein. Eingeladen hatte die Berliner Kirchengruppe »Ordensleute gegen Ausgrenzung«. Schwester Petra Maria Tollkötter berichtet über die religiöse Einkehr in ungewöhnlicher Umgebung.
Berlin-Kreuzberg, Görlitzer Park. »Auf dich haben wir gewartet«, begrüßen mich fröhlich zwei angetrunkene Wohnungslose. Sie bieten mir Bier an und einen Platz auf der Parkbank. Wir kommen ins Gespräch, reden über dies und das, nichts Weltbewegendes. Trotzdem ist plötzlich diese Ebene da, ganz leicht, unkompliziert und echt ...
Mich hat in diesen Tagen sehr beschäftigt, wie Jesus so intensiv mit Menschen in Kontakt treten konnte, obwohl er doch so anders war als sie. Für mich bedeutet das: Wo liegt die Ebene des Kontakts mit Wohnungslosen, auf der wir den Graben überwinden, der scheinbar so selbstverständlich zwischen uns liegt? Wo ist die Ebene des Mit-Seins jenseits aller Schranken und Barrieren, die wir Menschen untereinander aufgebaut haben? Mit diesen Fragen machte ich mich auf den Weg

durch Kreuzberg. Einmal lädt mich eine Bettlerin vor der Hedwigskathedrale mit einer kleinen Geste ein, mich zu ihr auf den Boden zu setzen. Wir wechseln ein paar Worte. Glanz kommt in die vorher ausdruckslosen Augen. Der Kontakt ist da. Dann drückt sie mir elf Groschen in die Hand: Ob ich ihr wohl einen Kaffee holen könnte? Sie kennt mich nicht und vertraut mir nach wenigen Minuten einen Teil ihres geringen Vermögens an. Ein Augenblick, der mich berührt. Nicht ich hatte diesen Menschen etwas zu geben, sondern sie beschenkten mich – leise, unscheinbar und unaufdringlich. Diese und viele andere Begegnungen mit den »Armen«, den Ausgegrenzten waren gerade in ihrer Unscheinbarkeit und Einfachheit sehr bewegend, wurden mir zum »brennenden Dornbusch«. Es ist ein himmelweiter Unterschied, ob ich »weiß«, dass Gott in jedem Menschen anwesend ist, oder ob ich es mit einem Mal konkret spüre, erfahre und erlebe. Ich kann noch so viel über die Konsistenz von Wein wissen – erst wenn ich ihn schmecke, weiß ich wirklich, was Wein ist. Durch die zehn Tage »Herzensschulung«, wie ich die Exerzitien auf der Straße gerne nenne, hat sich mein Blick auf Wohnungslose und überhaupt auf die Menschen verändert. Außerdem verhalfen mir die Exerzitien zur Solidarität jenseits meiner beruflichen Rolle – einer Solidarität, die wacher geworden ist für Situationen, in denen Menschen ausgegrenzt werden.[20]

Vieles, was sonst nur gewusst wird, bekommt für den Übenden in der Begegnung am Gottes-Ort neue Intensität und Qualität. Aus der Wahrheit des Verstandes wird eine Wahrheit des Herzens.

Aufmerksame Mitbrüder in Rom

Im Herbst 2000 überraschte mich ein Brief aus Rom. Mitbrüder baten mich um einen Artikel für ein Geschenkbuch, das der Orden in fünf Sprachen weltweit jeweils zum Jahreswechsel herausgibt. Das Buch stellt Aktivitäten der Gesellschaft Jesu in allen Kontinenten und Ereignisse der Gemeinschaft vor. Die Mitbrüder erwarteten von mir einen Artikel zum Thema »Spiritualität im Kontakt mit armen Menschen«. Wieder wehrte ich mich heftig. Man solle doch lieber einen Mitbruder in Indien fragen. Ich lebe in einem reichen Land. Nach dem Mauerfall ist unsere Berliner Situation doch kaum verständlich zu machen. Wie soll ich über ein solches Thema weltweit schreiben?

Doch die Anfrage aus Rom war eine Chance, das Geschenk dieses ignatianischen Impulses, das die Exerzitien auf der Straße sind, besser wahrzunehmen. Trotz des großen Staunens über die Erfahrung in diesem Jahr ahnte ich noch nicht, welche Tür uns zum auferstandenen Jesus geöffnet wurde. Die Mitbrüder in Rom hatten aus der Distanz wohl schon etwas gespürt, was uns selbst noch nicht klar war.

Der Artikel erschien 2002 im Jahrbuch der Gesellschaft Jesu, mit einigen schönen Bildern von Orten, an denen Gottesbegegnungen stattfanden. In mehreren Sprachen bildete er den Grundstock für die später entstandene Informationsseite im Internet.[21]

Wir leben mitten in unseren Erlebnissen. Um die darin liegenden Impulse wahrzunehmen, brauchen wir oft nachfragende Menschen, die uns für das darin liegende Geschenk die Augen öffnen. Und andere brauchen uns mit unserem interessierten Nachfragen. Auch die persönlichsten Erfahrun-

gen – mit Gott – sind ja letztlich ein Geschenk an alle Menschen, mit denen wir durch Gott geschwisterlich verbunden werden.

Freude an den Begleiter/innen

In den nächsten Jahren boten wir Exerzitienkurse in Berlin, Münster, Köln, Nürnberg, Brüssel, Basel, Budapest, Fribourg, Freiburg, Fulda, Stuttgart, München und Mannheim an. Männer und Frauen zwischen 20 und 80 Jahren nahmen daran teil. Viele klopften im folgenden Jahr nochmals an. Wir hatten ganz unterschiedliche einfache Unterkünfte und trafen auf interessierte Menschen, denen wir am letzten Tag von unseren Erfahrungen erzählen konnten: Gemeinden im Sonntagsgottesdienst, Mitarbeitern in einer Suppenküche in Brüssel, der Emmaus-Gemeinschaft in Köln, dem Karmelkloster in Fribourg oder einer engagierten christlichen Gruppe mit vielen Ausländern in Basel. Diese nachfragenden Gruppen vor Ort sind eine große Chance für die Exerzitiengruppe, ihre Erfahrungen im Teilen mit anderen nochmals geschenkt zu bekommen.
Pfingsten 2002 wurde ich zur Exerzitien-Werkwoche nach Wien eingeladen. Vor 50 Begleiter/innen berichtete ich von den »Exerzitien an sozialen Brennpunkten«, wie sie damals noch hießen. Besonders in solch herausfordernden Situationen höre ich den Fragen und auch meinen Antworten genau zu. Sie sind für mich Anstöße, Neues mitten in dem zu entdecken, was mir selbstverständlich geworden ist.
Sehr viele der Zuhörer/innen konnten sich nicht vorstellen, Übende bei Exerzitien auf der Straße zu begleiten, obwohl sie doch im Zuhören gut geübt waren. Sie alle wussten, dass Gott den Menschen überall

begegnen kann. Doch vielleicht hatten sie Jesus noch nicht oft unter Drogenabhängigen, Arbeitslosen oder Gefangenen entdeckt. Diese Menschen waren ihnen wohl zu fremd. Bei dem Treffen in Wien bemerkte ich in mir eine große Freude über die vielen Menschen, die ihren Urlaub nehmen und – aus Dankbarkeit und Interesse an den Wegen Gottes – andere bei Exerzitien auf der Straße begleiten.
Eine Exerzitiengruppe, maximal fünf Personen, begleiten wir immer zu zweit, eine Frau und ein Mann. Manche Themen können so leichter angesprochen werden. Wer noch nicht so erfahren ist, findet langsam in das Begleiten hinein. Bis zu zwei Gruppen bilden einen Exerzitienkurs. Ich freue mich über die Gastgeber, die uns kostenlos einfache Räume zur Verfügung stellen. Wir treffen uns dort als Gruppe, wir kochen und wir schlafen dort. Großer Komfort könnte das Üben der Offenheit behindern.

In den Exerzitien auf der Straße kann jeder Mensch, den wir treffen, ein Stück des Weges zur/m Begleiter/in werden. Das regelmäßige Nachfragen am Abend ist eine weitere Chance, die Begleitung Gottes in den zurückliegenden Stunden zu entdecken und sie in der Runde zu erfahren.

Exerzitien im Alltag

Seit 2003 werden in Kreuzberg als Vorbereitung auf das Osterfest Exerzitien im Alltag mit ähnlichen Anstößen wie bei Straßenexerzitien angeboten. Neben den wöchentlichen Nachfragerunden, den Impulsen und der gemeinsamen Meditation findet ein ganzer Tag auf der Straße statt. Nach solchen Exerzitien beeindruckte mich einige Monate später die Aussage ei-

ner Frau: Immer wenn ich meinen persönlichen Namen Gottes ausspreche, den ich damals gefunden habe, bin ich sofort wieder mitten im Gebet.
Diese einfache Weise, an dem in uns schlummernden Gespräch Gottes Anteil zu haben, erinnert mich an die Erfahrung der Sufis in der islamischen Welt. Sie gehört ebenfalls zu unserer Umwelt in Kreuzberg. Im Koran stehen 99 Namen Gottes. Wenn ein Sufi in die meist über vierzigtägige Abgeschiedenheit zur Meditation geht, bekommt er als Stütze oft vier dieser Gottesnamen mit auf den Weg. Sie sollen neben dem vorgeschriebenen regelmäßigen Gebet einen persönlichen Weg zu Allah weisen. Vielleicht entdeckt der Sufi dabei seinen eigenen 100. Namen, der in den Texten des Korans verborgen sein soll und der jedem Menschen nach dem Tod als zentrale Eigenschaft, Namen, als Anrede Gottes offenbart werden soll.

Wenn wir durch die Übungen in eine größere Offenheit getreten sind, dann entdecken wir Gott an überraschenden Orten und zu ungewöhnlichen Zeiten. Und manchmal sind wir darüber erstaunt, dass er auch dort ist, wo wir ihn früher ausschließlich gesucht haben.

Buddhistische Straßenretreats

Die buddhistische Gruppe Peacemaker[22] lädt regelmäßig zu Retreats (Übungszeiten) in den ehemaligen Konzentrationslagern in Auschwitz, Ravensbrück und Buchenwald ein. Die aus verschiedenen Religionen kommenden Teilnehmer/innen meditieren gemeinsam an diesen Orten des Entsetzens. Sie ahnen ihre Verbundenheit in dem Wunsch, das Leid in der Welt zu überwinden.[23]

Häufig werden auch Straßenretreats angeboten, bei denen sich die Teilnehmer/innen zur Meditation im Freien verabreden, häufig irgendwo in Kartons oder in Notunterkünften schlafen, in Suppenküchen essen und sich darüber hinaus den Lebensunterhalt erbetteln. Sie teilen einige Tage das Leben mit Wohnungslosen und bekommen dabei einen neuen Blick auf sich selbst und auf unsere Gesellschaft. Einmal am Tag besuchen sie einen Gottesdienst in einer Moschee, einer Kirche, einer Synagoge oder einem Tempel. Heinz-Jürgen Metzger bietet die verschiedenen Retreats in Deutschland im Auftrag der Peacemaker-Gemeinschaft an. In Berlin ging im Sommer 2003 einer seiner Kurse zu Ende und Exerzitien auf der Straße begannen. Mit ihm schlief die kleine Gruppe hinter einigen Büschen in der Nähe unserer Unterkunft und kam früh morgens zum Frühstück zu uns. Beim Morgengebet führten sie uns in ihre Meditationszeremonie ein und teilten mit uns die Erfahrungen der letzten Tage. Dann ermutigten sie uns zur Aufmerksamkeit in den vor uns liegenden Tagen und brachen auf.

Wir stehen alle in einer Geschichte des Suchens und Entdeckens mit unserem Weg des Loslassens/Nicht-Wissens und der Aufmerksamkeit dem Leben gegenüber. Ein langer Weg der gegenseitigen Herausforderung über alle religiösen und kulturellen Grenzen hinweg ist von vielen gegangen worden. Sie haben uns mit ihrem Bemühen ein Erbe hinterlassen, mit dem jede/r von uns ihren/seinen nächsten Schritt in geschwisterlicher Verbundenheit gehen darf.

»Dahin wage ich mich nicht«

Im Sommer 2003 fragte eine Gruppe aus der Emmausbewegung, ob sie zu Exerzitien nach Berlin kommen könnten. Sie war vom schon verstorbenen Bruder Jan gegründet worden, der regelmäßig in Gefängnisse ging, dort Bibelgesprächsgruppen gründete und der auch landauf, landab die Treffpunkte von Drogenabhängigen kannte. Er ging vielen Menschen nach und lud sie zu Treffen ein. »Die Menschen in unserer Gruppe sind alle aus bedrückenden Lebensumständen umgekehrt. Sie wurden oft mit ihren Hoffnungen, mit ihren Fragen nach erfülltem Leben und nach Gott nicht ernst genommen«, sagte er mir einmal. »Und sie sind mit ihrem Hunger nach Antworten und Liebe aus dem herrschenden Anpassungsdruck ausgestiegen.«

Nachdem diese Exerzitiengruppe die Geschichte vom Dornbusch gehört hatte, sagte einer: »Ich weiß genau, wohin ich gehen soll, wo Gott auf mich wartet. Aber ich traue mich nicht, dorthin zu gehen.« Da sagte sein Nachbar: »Dann komme ich mit.«

Am nächsten Tag gingen die beiden zum Bahnhof Zoo und setzten sich auf den Busparkplatz. Sie zogen ihre Schuhe aus, ihr Hund legte sich zu ihnen. Auf der anderen Seite der kleinen Straße warteten die Stricher auf Kunden. Nach 90 Minuten beendeten sie ihre Meditation und kamen, nach einem Gebet in der Kirche gegenüber, zurück nach Kreuzberg. Abends erzählten sie voll Freude: »Mit der Geschichte vom brennenden und nicht verbrennenden Dornbusch war es möglich, an diesem Ort ohne Angst zu verweilen. Morgen gehen wir nochmals dorthin.« Auch am nächsten Tag kamen sie zufrieden zurück. Am dritten Tag konnte der

Kollege nicht mitgehen. So zog der vorher Ängstliche mit seinem Hund allein los. Er setzte sich wieder auf den Busparkplatz und meditierte. Nach einer dreiviertel Stunde kam einer der Stricher in seine Nähe und rollte sich eine Haschzigarette. Er hatte Verständnis für die Pause seines Nachbarn: »Anders kannst du wohl deine Arbeit nicht durchhalten.« Sie schwiegen. Eine halbe Stunde später kam ein Stricher nach dem anderen zu ihm. Zum Schluss waren sie zu siebt und erzählten sich gegenseitig ihre Lebensgeschichten. Auch der Übende erzählte von den zehn Jahren, die er als Stricher und später als Kunde hier war. Dann hatte er vier Jahre im Gefängnis verbracht.

Abends erzählte er von dem Geschenk der Gemeinschaft auf dem Busparkplatz, von dem Austausch und von seinem Angebot, dorthin zurückzukehren. Er machte den Jungen deutlich, dass ein Ausstieg aus dem Leben als Stricher möglich ist. Davon wollten sie jetzt noch nichts hören. Im Gottesdienst sagte er: »Ich hatte vor drei Tagen große Angst, dorthin zu gehen. Doch jetzt bin ich bereit, mich von Gott dorthin schicken zu lassen. Dann kann ich ihnen von seiner Liebe zu uns Menschen berichten und einen Weg zeigen, mit dieser Liebe anderswo weiterzuleben. Noch höre ich Gottes Ruf nicht, aber ich bin bereit, mich von ihm schicken zu lassen.« Er war in der großzügigen Offenheit Gott gegenüber angekommen und antwortete damit auf das Geschenk seines Lebens und der Liebe Gottes zu allen Menschen.

Gott ist kein kleinkrämerisch Rechnender, sondern ein überschwänglich großzügiger Gott. Wir dürfen in unserem Leben immer deutlicher sein Verhalten in uns nachahmen und offener für sein Handeln durch uns werden.

Seminar »Option für die Armen«

Die Katholische Fachhochschule in Münster[24] bot in der Reihe »Option für die Armen« im Frühjahr 2004 ein Blockseminar an: Spiritualität für den Dienst unter Armen. Der überwiegende Teil der 50 älteren Teilnehmer/innen engagierte sich im sozialen Bereich. Die Jüngeren studierten Soziale Arbeit an der Hochschule und bereiteten sich auf ein Praktikum unter Wohnungslosen vor. Zwei Tage des Programms sollte ich gestalten. Zur Einführung erläuterte ich meine Spiritualität der Störung: In unserem zielgerichteten Leben hat Gott, wenn er mit uns sprechen will, oft nur die Chance, wenn es uns und unsere Pläne stören kann (2 Sam 3,3–11; Mt 2,13–14). Dann führte ich in die Suche nach dem persönlichen Namen Gottes ein und bereitete den nächsten Tag mit der Erzählung der Dornbuschgeschichte vor. Am folgenden Tag gingen alle Teilnehmer/innen auf die Straße. Am Nachmittag waren sechs Rückkehrrunden vorbereitet, mit je zwei Begleiter/innen, die selbst schon an Exerzitien auf der Straße teilgenommen hatten. Ohne diese Vorkehrung ist ein solcher Tag schwer durchführbar, denn die Teilnehmenden würden leicht nur ihre Vorurteile gegenüber schlecht angesehenen Bevölkerungsteilen bestätigt finden. Nach einem solchen Austausch aber kann ein solcher Tag eine große Wirkung haben. Ein älterer, sehr engagierter Begleiter war vier Jahre vorher in Hamburg einen Tag auf die Straße gegangen und berichtete nun von einer Begegnung, die ihm die Augen für seine Mitmenschen geöffnet hatte. Davon war er nachhaltig beeindruckt und sagte: »Ich rechne mein Leben vor und nach diesem Tag in Hamburg.«

In Münster ging eine Teilnehmerin auf den Flur vor

der Intensivstation der Uniklinik. Dort standen einige Stühle für die Angehörigen, wenn sie auf den Einlass oder auf einen Befund warten mussten. Beim Erzählen schüttelte sich die Frau immer wieder. Es war furchtbar dreckig dort, und die Schwestern und Ärzte liefen rasch vorbei, ohne die Angehörigen zu sehen. Die Frau hatte dort in der Intensivstation selbst gearbeitet und kannte die Situation genau. Jetzt saß sie auf der anderen Seite, auf den Stühlen der Menschen mit Sorgen um ihre Eltern, Kinder, Partner oder Freunde. »Wie unwürdig müssen sie hier sitzen«, sagte sie sich immer wieder. Nach einiger Zeit war sie von der menschlichen Kälte innerlich durchgefroren.
Noch in der Klinik traf sie eine junge Ärztin, mit der sie zusammen studiert hatte. Diese fragte, woher sie käme. Als sie von dem Warteflur sprach, wusste die Kollegin sofort Bescheid. Auch sie empfand die Situation als missachtend. In der Stadt wurde die nun etwas verwirrte Seminarteilnehmerin von anderen Teilnehmenden gesehen und sofort in ein Café eingeladen, damit sie sich im Gespräch wieder aufwärmen konnte. Noch in der Rückkehrrunde unterbrach sie sich immer wieder und konnte vor Ekel darüber, wie die Angehörigen behandelt werden, nicht weitersprechen. Auch die anderen Teilnehmer/innen hatten bewegende Erfahrungen gemacht, hörten einander aufmerksam zu und fragten nach.

In den Tagesseminaren können genauso einschneidende Erfahrungen gemacht werden wie in längeren Exerzitien. Religiöse Erfahrungen zu vergleichen ist lächerlich. Diese Schuhe der Überheblichkeit dürfen wir immer wieder ausziehen.

Chefsache

Im Vorfeld des Weltjugendtages in Köln 2005 luden mehrere ignatianische Gemeinschaften gemeinsam zu Experimenten von einer Woche ein. Die Tage standen unter der Überschrift *magis*, das aus dem Lateinischen kommt und einfach »mehr« heißt. Die fast 3000 jungen Erwachsenen wurden zu einem Mehr bei sich selbst eingeladen, zu einem Mehr im Engagement für andere und in allem zu einem Mehr des Sich-in-Gott-Entdeckens. In internationalen Gruppen von je 30 Personen pilgerten sie eine Woche, lebten mit Behinderten zusammen oder ließen sich gemeinsam mit Künstlern auf einen kreativen Weg ein. Wir begleiteten 23 junge Erwachsene bei Exerzitien auf den Straßen Fuldas. Die Teilnehmer/innen kamen aus Frankreich, Texas und Taiwan.

Am ersten Tag gingen wir vor das Gefängnis und spielten die Geschichte vom brennenden Dornbusch. So konnten wir das mühsame Übersetzen beschränken. Schnell hatten alle ihre Schuhe ausgezogen und wir meditierten zusammen vor diesem besonderen Haus der Gegenwart Gottes (Mt 25,43). Das Kreuz gesellschaftlicher und persönlicher Ausgrenzung war vor uns aufgerichtet. Wird uns die Schuldfrage den Blick auf Jesus, vor und hinter der Mauer, verstellen? Nach einiger Zeit begann ein lautes Beten in vielen Sprachen.

Am nächsten Tag suchten die Übenden zu zweit oder zu dritt nach ihren Meditationsorten in der Stadt. Abends luden wir, die sechs Begleiter/innen, alle Teilnehmenden zu Gesprächen in drei Gruppen ein, sprachlich gemischt. Oft fehlten Worte, weil viele Erfahrungen kaum zu übersetzen waren. Dennoch gelang die Kommunikation in den Gruppen. Verständi-

gung geschieht ja nur zu einem geringen Teil über Worte. Dies erfuhren wir voll Freude auch bei den anstehenden existentiellen Fragen. Die Gruppe wuchs geradezu spielerisch zusammen, und am nächsten Tag mischten sich die kleinen Grüppchen international. Ein nächster Schritt war dann der fast wortlose Fußwaschungsgottesdienst am Nachmittag des dritten Tages. Am folgenden Tag wuchs unsere Gottesdienst- und Tischgemeinschaft um einige wohnungslose Menschen, die aus der Stadt dazugekommen waren. Manche hatten ihren Ort, Gott zu begegnen, auf einem Friedhof gefunden. »Ihr bettet eure Toten im Paradies«, sagten sie uns, denn die Blumenpracht überwältigte sie. So gingen wir am letzten Tag für den Austausch in der großen Runde auf einen Friedhof.
Uns Begleitern, die wir die Worte der Übenden manchmal schlecht verstehen konnten, wurde bei diesem Kurs auf besondere Weise deutlich, dass Exerzitien »Chefsache« sind. Er nimmt mit jeder/m Übenden selbst Kontakt auf und geht mit ihr/ihm einen Weg. Unser Dienst ist wichtig. Aber er besteht oft darin, mehr ahnend über sein Handeln in den Übenden zu staunen und uns mit ihnen ganz auf seine Weisheit zu verlassen.

Das gemeinsame Erleben des Glaubens und die Ähnlichkeit menschlicher Fragen erfuhren wir mit diesen Menschen aus drei Kontinenten. Die christliche Botschaft an alle Menschen wurde greifbar: An die Geschwisterlichkeit unter uns Menschen werden wir in jeder einzelnen Begegnung erinnert.

4. Die Geschichte geht weiter (Gegenwart)

Wenn wir uns in den Geistlichen Übungen als befreit erfahren, lesen wir die biblischen Geschichten neu. Wir nehmen die Sehnsucht nach Gott wahr und entdecken viele überraschende Einzelheiten in den Berichten unserer Vorfahren und im Schauen auf unser Leben und auf das unserer Mitmenschen.

Erinnernd ins Jetzt finden

Wie nebenbei treten die Übenden während Exerzitien auf der Straße in die Geschichte Gottes mit den Menschen ein und setzen sie in ihrem Leben fort. Jede/r wird diesen Prozess anders erleben.

– Die Erzählung vom brennenden, aber nicht verbrennenden Dornbusch (Ex 3) führt in die Meditationsweise an dem heiligen Ort ein, an dem Gott mit dem Übenden sprechen will. Diese Geschichte bietet sprachliche Elemente wie »heiliger Ort«, »Schuhe ausziehen«, »Dornbusch« an, die den Austausch in der Exerzitiengruppe erleichtert. Sie führt die Übenden in die biblische Befreiungsgeschichte ein. Anschließend entdecken sie, wie Mose am Ende seines Lebens den Stamm Josef mit den Worten segnet: »Über ihn komme die Gnade dessen, der im Dornbusch wohnt« (Dtn 33,16).

– Im Buch Richter wird erzählt, dass die Bürger von Sichem einen König haben wollten, so wie alle Völker ihren König haben. Von ihren Nachbarn wollten sie sich nicht unterscheiden. Da erzählte ihnen Jotam eine Fabel, um ihnen die Augen zu öffnen (Ri 9,7–15): Die Bäume salbten einen Dornbusch zum König, weil er der einzige war, der keine Früchte trug und deshalb die Königswürde annahm. Noch nicht einmal Schatten konnte er spenden. Doch sobald er die Macht hatte, verlangte er Unmögliches von den anderen Bäumen und drohte ihnen, sie mit Feuer zu vernichten.

– Als Jesus seine Jünger zu zweit in die Städte schickte, in die er noch gehen wollte, gab er ihnen einige Anweisungen mit auf den Weg (Lk 10,3–11). Wir können sie als Hinweise für den Weg zu mehr Offenheit lesen. Darunter findet sich der entschiedene Rat, kein Geld, keine Vorräte und keine Schuhe mitzunehmen.

– In der Auseinandersetzung mit den Sadduzäern bezog sich Jesus auf die Geschichte mit Mose am Dornbusch, um die Gewissheit der Auferstehung von den Toten zu begründen (Mk 12,26).

– Jesus erklärte seinen Jüngern und Jüngerinnen, wo und wie er als Auferstandener in unserer Mitte zu finden ist (Mt 25,31–46).

– Andere Zeichen des Respektes und der Gewaltlosigkeit entsprechen dem Ausziehen der Schuhe auf heiligem Boden. So legte Jesus wie ein Sklave sein Obergewand ab, als er seinen Jüngern die Füße wusch (Joh 13,1–20).

– Bald darauf sehen wir ihn mit einer Dornenkrone (Joh 19,5). Diese Situation lädt dazu ein, neu das brennende, aber nicht verbrennende Feuer der Liebe inmitten von Dornen zu sehen.

– Jesus gab sich durch alltägliche Zeichen zu erkennen: Als Fremder brach er den Jüngern das Brot (Lk 24,13–43).

– Auf griechischen und russischen Ikonen wird häufig der brennende Dornbusch dargestellt. Im Feuer

steht Maria mit Jesus. In den Dornen werden häufig Propheten abgebildet. Manchmal wird auch ein Bezug zu den drei Jünglingen im Feuerofen hergestellt (Dan 3), die ja ebenfalls nicht verbrannten.
– Manche Kirchenlieder bekommen neuen Klang: »Maria durch ein' Dornwald ging, kyrie eleison ...«
– In den Mahn- und Gebetswachen der Gruppe »Ordensleute gegen Ausgrenzung« – und bei ähnlichen Gelegenheiten – steht man in einer besonderen Weise im Jetzt der oft schmerzhaften gesellschaftlichen Situation, etwa vor den Mauern einer Abschiebehaftanstalt. Man begreift seine eigenen Erfahrungen und die der Menschheit in der Stille neu; dazu gehören auch biblische und kirchliche Impulse.
Viele Hinweise gäbe es noch, die uns für das gemeinsame Leben aufmerksamer und handlungsfähiger werden lassen. Der Ratschlag des Ignatius bestätigt sich, man solle lieber tiefer in ein Geheimnis, das der Seele Nahrung gibt, eindringen als ein größeres, mehr oberflächliches Wissen suchen.

Wo wir nach dem Schatz des Lebens zu graben anfangen, ist oft nicht so entscheidend. Der Weg des Entdeckens kann an vielen Orten beginnen. Aber es ist immer eine große Freude, den Ort zu finden, an dem wir Gott begegnen.

Weitere Impulse

Erfahrungen, Reflexionen, Zeitungs- und Rundfunkberichte in verschiedenen Sprachen finden sich im Internet unter www.con-spiration.de/exerzitien; Rückfragen und Anregungen wünscht sich der Autor unter der Adresse: christian.herwartz@jesuiten.org

Anmerkungen

[1] Ignatius von Loyola, Geistliche Übungen, übers. v. P. Knauer, Würzburg 1999.

[2] Ignatius von Loyola, Gründungsdokumente der Gesellschaft Jesu (Deutsche Werkausgabe, Band II), übers. v. P. Knauer, Würzburg 1998; darin: Satzungen der Gesellschaft Jesu, S. 580 ff., Nr. 64–70.

[3] Ignatius von Loyola, Bericht des Pilgers, Würzburg 2002 (auch in: Gründungsdokumente, siehe Anm. 2, S. 1ff.).

[4] Dokumente der 31. bis 34. Generalkongregation, München 1997 (als Manuskript gedruckt), darin: 32. GK, Nr. 13.

[5] Ebd. Nr. 98/99.

[6] Charles Suaud, Nathalie Vier-Depaule, Prêtres et ouvriers. Une double fidélité mise à l'épreuve 1944–1969, Paris 2004; außerdem: http://perso.wanadoo.fr/pretres.ouvriers

[7] www.chrism.org.uk

[8] Johannes Brückmann, Willibald Jacob (Hg.), Arbeiterpfarrer in der DDR, Gemeindeaufbau und Industriegesellschaft, Erfahrungen in Kirche und Betrieb 1950–1990, Berlin 2004.

[9] Paul Ringseisen spricht vom »österlichen Versteckspiel des Auferstandenen« und schreibt am Beispiel von Joh 21: »So macht uns diese und noch manch andere ähnliche Ostererzählung klar, in welche Schule der Herr nach Ostern seine Jünger nimmt ... Jetzt ist es mit der Eindeutigkeit vorbei. Jetzt müssen sie damit rechnen, den Auferstandenen ›irgendwo‹ in ›irgendeiner‹ Situation und in der Gestalt von ›irgendjemand‹ zu begegnen. Jede Begegnung mit einem anderen Menschen kann, wenn sie sich darauf einlassen, über das, was sie mit ihm erleben, zu der Gewissheit führen: ›Es ist der Herr‹«; in: P. Ringseisen, Auf Gottes Klopfzeichen hören, München 1982, S. 45.

[10] www.jev-online.de

[11] Dokumente der 31. bis 34. Generalkongregation (siehe Anm. 4), 34. GK, Nr. 47.

[12] Ebd. Nr. 68.

[13] Ebd. Nr. 128–157.

[14] Ebd. Nr. 130.

[15] Bericht des Pilgers (siehe Anm. 3).

[16] Christian Herwartz, Arm vor Gott – die Liebe zu Gott, in: Korrespondenz zur Spiritualität der Exerzitien, 1998, Nr. 73, S. 2–9.

[17] Eine Frau hat ihr Lampenfieber vor den Exerzitien in einer Gute-Nacht-Geschichte für ihre Kinder verarbeitet: Terquana Teralim, Das Licht in der Finsternis, Aachen 2005.

[18] Christian Herwartz, Betend die Wirklichkeit erkennen – Exerzi-

tien auf der Straße, in: Korrespondenz zur Spiritualität der Exerzitien, 2005, Nr. 86, S. 19–25.

[19] Einige sind festgehalten auf www.con-spiration.de/exerzitien

[20] Münstersche Straßenzeitung »draußen!« Nr. 10/2001.

[21] www.con-spiration.de/exerzitien

[22] www.peacemaker-gemeinschaft.de

[23] Bernhard Glassman, Zeugnis ablegen. Buddhismus als engagiertes Leben, Berlin 2001.

[24] www.kfhnw.de/muenster/

In der Reihe **Ignatianische Impulse** sind bisher erschienen:

Band 1: Willi Lambert, **Das siebenfache Ja,** Exerzitien – ein Weg zum Leben
Band 2: Stefan Kiechle, **Sich entscheiden**
Band 3: Piet van Breemen, **Alt werden als geistlicher Weg**
Band 4: Heiner Geißler, **Glaube und Gerechtigkeit**
Band 5: Cordula und Ottmar Leidner, **Weil ich mit dir wachsen möchte,** Herausforderung Ehe
Band 6: Klaus Mertes, **Verantwortung lernen,** Schule im Geist der Exerzitien
Band 7: Karl Frielingsdorf, **Gottesbilder,** Wie sie krank machen – wie sie heilen
Band 8: Christian Troll, **Als Christ dem Islam begegnen**
Band 9: Bernd Hagenkord, **jugend@gott**
Band 10: Claudia Bausewein, **Sterbende begleiten**
Band 11: Willi Lambert, **Wovon die Liebe lebt,** Eucharistie und Lebenskultur
Band 12: Eckhard Frick, **Sich heilen lassen**
Band 13: Stefan Kiechle, **Macht ausüben**
Band 14: Franz Jalics, **Der kontemplative Weg**
Band 15: Ignatius von Loyola, **In allem – Gott**
Band 16: Gundikar Hock (Hg.), **Ergriffen vom Feuer**
Band 17: Michael Hainz, **Freundschaft mit Armen**

Band 18: Christian Herwartz, **Auf nackten Sohlen,** Exerzitien auf der Straße

Band 19: Albert Keller, **Sinn im Unsinn,** Worüber Jesuiten lachen

Band 20: Christoph Benke, **Sehnsucht nach Spiritualität**

Band 21: Alfred Delp, **Im Angesicht des Todes**

Band 22: Peter Balleis, **Leidenschaft für die Welt**

Band 23: Josef Maureder, **Mensch werden – erfüllt leben**

Band 24: Martin Maier, **Pedro Arrupe – Zeuge und Prophet**

Band 25: Jon Sobrino, **Der Preis der Gerechtigkeit**

Band 26: Piet van Breemen, **Im Geheimnis daheim.** Hilfen aus der Bibel

Band 27: Bernhard Waldmüller, **Gemeinsam entscheiden**

Band 28: Christian Rutishauser, **Christsein im Angesicht des Judentums**

Band 29: Thilo Esser/Meike Wagener-Esser, **Als Familie im Glauben wachsen**

Band 30: Elmar Mitterstieler, **Den verschwundenen Flüssen nachgehen.** Gedanken zur geistlichen Begleitung

Band 31: Felix Genn, **Es würde der Welt etwas fehlen.** Pastorale Impulse aus dem Geist der Exerzitien

Band 32: Hermann Kügler, **Versuchungen widerstehen?**

Band 33: Vitus Seibel (Hg.), **Was bedeutet Dir Jesus Christus?**

Band 34: Stefan Kiechle, **Spielend leben**

Band 35: Elke Rüegger-Haller, **Aufstehen und heilen**

Band 36: Eckhard Frick/Margret Fühles, **Schöpferisch im Spiel vor Gott.** Bibliodrama und Exerzitien

Band 37: Gabriela Grunden, **Wer glaubt, fragt**

Band 38: Hermann Kügler, **Scheitern**

Band 39: Klaus Mertes, **Widerspruch aus Loyalität**

Band 40: Ursula Dirmeier, **Nicht Furcht, sondern Liebe.** Geistliche Lebenskunst mit Mary Ward

Band 41: Christoph Benke, **Gott ist nicht kleinlich.** Über das christliche Maß

Band 42: Stefan Bauberger, **Der Weg zum Herzgrund.** Zen und die Spiritualität der Exerzitien

Band 43: Medard Kehl/Stephan Ch. Kessler, **Priesterlich werden – zwischen Banalität und Verklärung**